주식회사
6학년 2반

경제가 쉬워지는 재미있는 경제동화
주식회사 6학년 2반

초판 1쇄 펴낸 날 | 2009년 1월 15일
초판 15쇄 펴낸 날 | 2020년 6월 25일
개정판 11쇄 펴낸 날 | 2025년 4월 15일

글 | 석혜원
그림 | 한상언
편집 | 김경희, 김시완, 장예슬
디자인 | 이영아
마케팅 | 이운섭
제작관리 | 김남희

펴낸이 | 김태진
펴낸곳 | 도서출판 다섯수레
등록일자 | 1988년 10월 13일
등록번호 | 제 3-213호
주소 | 서울특별시 마포구 동교로15길 6 (우 04003)
전화 | 02)3142-6611
팩스 | 02)3142-6615

ⓒ석혜원, 한상언, 2020

ISBN 978-89-7478-430-0 73320

본문의 색글자는 240쪽에서 뜻을 확인할 수 있습니다.

경제가 쉬워지는 재미있는 경제동화

주식회사 6학년 2반

석혜원 글 · 한상언 그림

다섯수레

• 이 책을 읽는 어린이들에게

나는 훌륭한 CEO가 될래요!

진우의 꿈은 CEO(Chief Executive Officer)가 되는 거랍니다. CEO는 기업 경영을 앞장서서 이끌어 가는 사람이지요. 성공한 CEO들은 돈을 아주 많이 벌 수 있어요. 세계 부자 1, 2위를 차지하는 아마존의 회장 제프 베이조스, 마이크로소프트의 창업자 빌 게이츠를 비롯하여 어느 나라나 제일가는 부자는 거의 CEO 출신들입니다. 그러나 진우가 CEO의 꿈을 키우는 것은 단순히 부자가 되기 위해서는 아니랍니다.

진우는 무엇인가 쓸모 있는 것을 만들어 내거나 그 가치를 높이는 일을 하고 싶어 해요. 이런 일을 생산이라고 하는데 생산을 담당하고 있는 곳이 바로 기업입니다. 기업을 만드는 목적은 이윤을 남겨서 돈을 버는 것이지만 기업은 사람들에게 일자리를 제공하는 중요한 역할도 맡고 있어요. 다른 기업에 비해 경쟁력이 있는 상품을 만들거나 만족도가 높은 서비스를 제공하는 기업은 날이 갈수록 생산이 늘어나고 규모가 커집니다. 기업이 커지면 일할 사람이 더 많이 필요하게 되지요. 그래서 기업 경영이 활발해지면 사람들은 더 잘살게 되고 나라 경제도 더 튼튼해져요. 진우는 자신뿐만 아니라 다른 사람들도 행복하게 만드는 유능한 CEO가 되고 싶은 거랍니다.

그렇지만 우리나라에서는 법으로 만 18세 미만인 미성년자들은 일을 하거나 돈을 벌지 못하도록 했어요. 누가 그런 쓸데없는 법을 만들었는지 원망스럽다고요? 사실 그 법은 어린이나 청소년을 보호하기 위해 만든 법이에요. 다른 걱정은 하지 말고 신나게 놀고 열심히 공부하면서 미래를 위한 준비에만 전념하라는 뜻이지요. 그래도 진우는 조바심이 났어요.

'휴, 18세가 되려면 아직 6년이나 남았어. 그때까지 어떻게 기다리지?'

그러다 문득 친구들끼리 유치원에서 했던 병원 놀이가 생각났어요.

'아하! 친구들과 회사 놀이를 하면 되겠구나. 그럼 당장 CEO 경험을 쌓을 수 있잖아.'

그런데 모든 일이 항상 뜻대로 술술 풀리는 것은 아니지요. 진우와 친구들의 회사 놀이는 시작하기도 전부터 어려움에 부닥침니다. 유능한 CEO라면 어떤 어려움이든 씩씩하게 헤쳐 나갈 수 있는 의지력이 있어야 해요.

　진우와 친구들은 어떻게 어려움을 극복하고 회사 놀이를 계속할 수 있었을까요? 궁금한 친구들은 모두《주식회사 6학년 2반》이야기 속으로 들어가 봅시다. 진우와 친구들의 회사 놀이 이야기를 읽으면서 내가 주인공이라면 어떻게 했을까도 생각해 봐요. 아마 주식회사 6학년 2반 친구들보다 더 반짝이는 아이디어를 가진 친구들도 있을 거예요. 그럼 자신에게 이렇게 칭찬해 줍시다.

　"훌륭해, 너도 최고의 CEO를 꿈꿔 볼 만한 능력이 있어!"

　기업이 경쟁력을 가지려면 훌륭한 경영자가 필요하고, 나라의 경제가 발전하려면 세계적인 경쟁력을 가진 기업들이 많이 생겨야 해요. 훌륭한 경영자의 자질을 갖춘 어린이가 많으면 우리나라의 장래는 걱정할 필요가 없답니다.

2020년 7월
석혜원

주식회사 6학년 2반 임직원을 소개합니다!

한준영
이야기를 이끌어 가는 '나'예요. 6학년이 시작될 때 양평에서 서울에 있는 학교로 전학 왔는데, 김진우와 친하게 지내면서 주식회사 6학년 2반을 운영하는 핵심 임원으로 활동해요.

김진우
거울 왕자라는 별명을 가지고 있으며 경제 문제에 대한 지식이 해박해요. 최고경영자가 되는 것이 꿈이며 주식회사 6학년 2반의 사장으로 일합니다.

최보람
꼼꼼하고 당찬 성격으로 주식회사 6학년 2반의 회계로 일합니다. 특히 손재주가 뛰어나요.

김규식
약간 덜렁거리는 성격으로 폼내기를 좋아해요. 주식회사 6학년 2반의 직원이지만 실수를 잘한답니다.

은구슬
꼼꼼하고 성실한 주식회사 6학년 2반의 직원이에요.

이 책을 읽는 어린이들에게 • 4

1장 | CEO를 꿈꾸는 아이

시골 아이, 서울로 전학 오다 • 14
으악! 그 녀석이 우리 반? • 17
회사를 만들자고? • 20
특명! 교장선생님을 설득하라 • 26
톡톡! 경제 상식 CEO는 어떤 사람인가요? • 28

2장 | 제발 회사를 만들게 해 주세요

마지막 기회를 붙잡다 • 32
사업계획서를 쓰다 • 34
만세! 드디어 허락이 떨어졌다 • 39
톡톡! 경제 상식 경제 활동에서 기업의 역할은 무엇일까요? • 44

3장 | 준비 땅! 첫 사업을 시작하다

주식회사 6학년 2반 • 48
주식을 팔아 자본금을 모으자 • 56
6학년 2반 문구점을 열다 • 61
톡톡! 경제 상식 같은 물건인데 물건값이 달라요 • 64

4장 | 일할 사람이 더 필요해요

문구점이 잘돼서 속상하다? ● 68
함께 일할 사람을 찾습니다 ● 71
뭐라고? 웬 외상? ● 77
톡톡! 경제 상식 직업을 가지려면 어떤 준비가 필요할까요? ● 82

5장 | 카네이션을 선물하세요

교장선생님께 거절당하다! ● 86
5월 7일에 작은 꽃집을 열어요 ● 89
예쁜 편지지는 덤입니다 ● 95
톡톡! 경제 상식 기업이 벌이는 총알 없는 전쟁 ● 100

6장 | 통장을 만들었어요

돈 불리기를 시작하다 ● 104
초등학생은 통장을 만들 수 없다? ● 107
통장을 두 개나 만들다 ● 111
톡톡! 경제 상식 내게 알맞은 통장은 무엇일까? ● 116

7장 | 회사 사정을 한눈에 알 수 있어요

장부 적는 일이 점점 복잡해져요 ● 120
회사 사정을 금방 알아보려면? ● 124
돈을 많이 벌었어요 ● 128
톡톡! 경제 상식 기업이 하는 화장, 분식회계 ● 134

8장 | 주식 가격이 오르락내리락

윤재가 전학을 가다 ● 138
주식 주인이 바뀌었어요 ● 142
춤추는 주식 가격 ● 144
톡톡! 경제 상식 주식 가격이 왜 달라지나요? ● 148

9장 | 펀드, 네 정체는 뭐냐?

은행 앞에서 보람이를 만나다 ● 152
대신 돈을 불려 주세요 ● 154
대학교 등록금, 내가 모을래요 ● 157
톡톡! 경제 상식 전문가가 투자를 대신해 주는 펀드 ● 160

10장 | 반짝반짝 아이디어, 송골송골 땀방울

새 사업으로 뭘 할까? ● 164
새 사업, 스스로 골라 봐요 ● 169
아이디어와 기술은 단짝 친구 ● 171
톡톡! 경제 상식 아이디어가 반짝이는 물건 ● 176

11장 | 진이네 김밥이 후원하는 청운 리그

새 사업을 위한 회의 ● 180
우리 사전에 포기란 없다 ● 184
천사가 나타났어요 ● 189
주식회사 6학년 2반, 파이팅! ● 192
톡톡! 경제 상식 기업들은 왜 스포츠 대회를 후원할까요? ● 196

12장 | 와글와글 알뜰 시장

반짝반짝 아이디어 만들기 • 200
지구를 살리는 알뜰 시장 • 203
와글와글 알뜰 시장, 싱글벙글 친구들 • 206
톡톡! 경제 상식 작은 실천이 지구를 살려요 • 210

13장 | 하나 사면 하나는 공짜!

이제는 문을 닫아야 할 시간 • 214
진우가 입원을 했다 • 217
재고 정리 세일 • 219
톡톡! 경제 상식 손해 보는 장사도 있나요? • 224

14장 | 안녕, 주식회사 6학년 2반!

주식회사 6학년 2반의 성적표 • 228
세상에서 가장 따뜻한 주주총회 • 232
주식회사 6학년 2반 이야기 • 236
톡톡! 경제 상식 주식회사의 이익금은 누가 갖나요? • 238

어려운 낱말 풀이 무슨 뜻인지 궁금해요! • 240

1장
CEO를 꿈꾸는 아이

시골 아이, 서울로 전학 오다

오늘은 새 학교에 처음 가는 날이다. 서울 아이들이 시골 아이라며 놀리지 않을까 살짝 걱정이 되었다. 휴, 아버지께서 서울로 직장만 옮기지 않으셨어도……. 갑자기 현우, 성민이 같은 단짝 친구들 얼굴이 떠올랐다. 새 학교에서도 좋은 친구들을 만날 수 있을까? 이런저런 생각이 머릿속을 왔다 갔다 했다. 그때 "딩동" 하고 승강기 문이 열렸다. 어머니께서 어서 타자며 내 등을 슬쩍 미셨다.

승강기 안에는 내 또래 남자아이가 타고 있었다. 얼핏 보아도 꽤 잘생긴 얼굴이다. 그런데 말이다. 그 아이는 승강기가 1층에 설 때까지 벽 거울에서 눈을 떼지 않았다.

'쳇, 아무리 잘생겨도 그렇지, 사내 자식이 거울에 정신이나 팔리고. 저게 말로만 듣던 왕자병? 설마 서울 남자아이들이 모두 저

런 건 아니겠지?'

 그 아이는 승강기에서 내리기 전에, 거울을 한 번 더 바라보더니 뭐라고 중얼거렸다. 그러고는 우리 앞을 성큼성큼 앞질러 나갔다. 도대체 뭐라고 한 걸까?

 "한준영 군, 또 딴 생각했지? 엄마 말은 하나도 안 듣고."

 악! 어머니께서 내 팔을 꼬집으며 꾸짖으셨다. 휴, 그 이상한 녀석 때문에 괜히 야단만 맞았다. 아침에 어머니한테 야단맞으면, 그날 하루는 완전 꽝인데. 불길하다, 불길해!

으악! 그 녀석이 우리 반?

어느새 교무실 앞이다. 교무실은 내가 학교에서 가장 싫어하는 곳이다. 양평에서 학교 다닐 때, 현우랑 장난치다가 자주 교무실로 불려 가곤 했다. 그때 얼마나 혼났던지 생각만 해도 끔찍하다! 어머니께서는 내 마음을 아는지 모르는지 교무실로 쑥 들어가 버리셨다. 할 수 없이 주뼛거리며 어머니 뒤를 따라갔다.

어머니께서는 왼쪽 끝자리에 앉아 계신 한 선생님께 인사를 하셨다.

"준영아, 이리 와! 담임선생님이셔."

내가 꾸벅 인사를 하자, 선생님께서는 웃으며 말씀하셨다.

"네가 준영이구나. 앞으로 잘 지내 보자! 그럼, 이제 친구들을 만나러 가 볼까? 조금 짓궂긴 해도 모두 착하니까 잘 지낼 수 있을 거야."

선생님은 그렇게 말씀하시고는 내 손을 꼭 잡아 주셨다.

선생님을 쫓아 계단을 올라갔다. 저 멀리 '6학년 2반'이라고 써 있는 명패가 보였다. 교실문 앞에 서니 가슴이 콩닥콩닥 뛰었다. 선생님께서 내 얼굴을 찬찬히 살펴보셨다.

"괜찮니?"

나는 숨을 크게 한 번 쉬고는 고개를 끄덕였다. 선생님께서 빙그레 웃으며 교실문을 활짝 여셨다. 교실에 들어서자 여기저기에서 아이들이 수군거리는 소리가 들렸다.

"쟤 누구야?"

"전학 왔나 봐."

시선을 한 몸에 받자 얼굴이 빨갛게 달아올랐다. 선생님께서 교실을 쓱 훑어보며 말씀하셨다.

"오늘 우리 반에 새 친구가 전학 왔어요. 이름은 한준영. 운동을 무척 잘한대요. 모두 환영해 주자고요! 거기 거울 왕자, 거울 그만 보고 새 친구 얼굴 좀 보렴."

선생님께서 주의를 주자 거울 왕자라는 친구는 민망한지 얼른 거울을 책상 속으로 넣었다. 거울 왕자라는 아이의 얼굴이 왠지 낯익었다. 아니, 이럴 수가! 거울 왕자는 바로 승강기 안에서 만난 그 녀석이었다.

회사를 만들자고?

처음에는 낯설었지만 하루 이틀이 가며 그럭저럭 새 친구들한테 익숙해지기 시작했다. 물론 거울 왕자 김진우는 빼고 말이다. 그 녀석은 볼수록 이상하다. 쉬는 시간에 뛰어놀기는커녕 가만히 앉아 손거울을 보거나 창밖을 내다보며 골똘히 생각에 잠기기 일쑤다. 잘생기면 뭐해? 몸은 비리비리해 가지고. 저 녀석은 정말 내 스타일이 아니다. 그래서 절대 김진우랑은 친하게 지낼 수 없을 거라고 생각했다. 오늘 학급회의가 열리기 전까지는 말이다.

5교시에 6학년 2반에서 일 년 동안 추진할 연간 특별활동 내용을 정하는 학급회의가 열렸다. 친구들은 손을 들고 자신의 의견을 내놓았다. 서기가 칠판에 친구들의 의견을 적었다.

"좋은 책을 한 권씩 가져와서 돌려가면서 읽읍시다."

"매일 아침 자율학습 시간에 노래 한 곡씩 부릅시다."

"한 달에 한 번씩 제비뽑기를 해 마니또를 정하고 몰래 도와줍시다."

"우리 반 홈페이지를 만들어서 운영합시다."

"한 달에 한 번씩 양로원을 방문합시다."

몇 가지 의견이 나오자 회장 성태는 마지막 의견을 한 가지만 더 듣고 표결에 들어가겠다고 했다. 그때, 거울 왕자가 손을 번쩍 들었다.

"회사를 만들어 꾸려 봅시다!"

너무 엉뚱한 말이라, 나는 잘못 들은 게 아닌가 고개를 갸웃거렸다. 다른 아이들도 마찬가지였나 보다. 여기저기서 웅성거리기 시작했다.

"야, 김진우! 우리는 초등학생이라고. 초등학생이 어떻게 회사를 만드냐?"

선생님께서도 놀라셨는지 이렇게 말씀하셨다.

"음, 진우가 낸 의견은 선생님도 잘 이해가 되지 않는구나. 회사를 만들자니, 그게 무슨 말이니? 좀 더 자세히 설명해 줄래?"

"저는 초등학교 마지막 일 년을 두고두고 기억할 만한 해로 만들고 싶었어요. 그래서 좀 색다른 일을 했으면 좋겠다고 생각했습니다. 회사라고 하니까 너무 거창하게 들렸나 본데 정확하게 말하면 회사 놀이를 하자는 거지요. 우선 친구들로부터 조금씩 돈을 모아 회사를 운영하는 데 필요한 밑천을 마련합니다. 모은 돈으로 교실에 작은 문구점을 만들어 학용품을 판다거나 학교 행사가 있는 날 음료수를 판다든지 하면서 우리 스스로 돈을 벌어 보자는 겁니다. 부모님들께서는 우리가 용돈을 달라고 하면, 가끔씩 '용돈

좀 아껴 써라.', '돈 버는 게 얼마나 힘든지 아니?' 같은 말씀을 하십니다. 이번 기회에 회사를 만들어 돈을 벌어 보면 돈 버는 게 얼마나 힘든지, 돈이 얼마나 귀중한지 저절로 깨달을 수 있을 겁니다. 또 돈의 소중함을 알면, 돈을 함부로 쓰는 일도 줄어들 테고요."

진우 말에 몇몇 친구가 고개를 끄덕였다.

"맞아, 직접 돈을 벌어 보면 돈이 얼마나 소중한지 피부로 느낄 수 있을 거야. 그럼 자연스럽게 절약하는 습관도 기를 수 있을 것 같고."

"와! 생각만 해도 신나는걸."

하지만 우리 말에 귀를 기울이고 계시던 선생님 표정은 썩 밝지 않았다.

"글쎄, 재미있는 의견이지만 초등학생이 회사를 꾸려 나갈 수 있을까? 회사를 꾸려 나가려면 어떤 물건을 만들어 낼지, 어떤 물건을 팔지, 또 광고는 어떻게 할지 따위를 결정해야 하는데 보통 힘든 일이 아니거든. 어른들도 회사를 꾸려 나가는 걸 버거워하는데, 너희들이 제대로 해낼 수 있겠니?" 선생님께서 선뜻 의견을 받아들이지 않자 진우는 조바심을 냈다.

"선생님, 아이들의 생각이 어떤지 우선 투표부터 해 보는 건 어떨까요?"

선생님께서 할 수 없다는 듯 고개를 끄덕이시자 회장이 말했다.

"자, 그럼 이제 손을 들어 결정하겠습니다. 잘 생각해 보시고 뜻 있는 일이라고 생각하는 의견에 손을 들어 주십시오."

결과는 예상한 대로였다. 23명 가운데 18명이 진우의 의견을 따르겠다고 손을 들었다.

"과반수 이상이 김진우의 의견에 찬성했습니다. 따라서 앞으로 1년간 6학년 2반의 특별활동은 회사를 경영하는 것으로 하겠습니다. 서기가 오늘의 학급회의 보고서를 작성하면 제가 교장선생님께 제출하겠습니다."

성태가 회의 결과를 정리하자 진우가 또 손을 들었다.

"회사 이름은 '6학년 2반 주식회사'로 했으면 좋겠습니다. 그리고 사장은 제가 맡기를 원합니다."

그러자 수진이가 반대를 했다.

"회사 이름이나 사장과 직원을 정하는 일은 다음 번 회의에서 투표로 결정합시다."

그때 수업 시간을 마치는 종이 울렸다.

"자, 오늘은 그만 끝내고 다음 주에 다시 토의하기로 하자."

학급회의가 끝나자, 아이들이 우르르 진우한테로 몰려갔다. 아이들 모두 거울만 보던 거울 왕자가 그런 생각을 했다는 걸 놀라워했다. 진우의 짝꿍인 지혜가 가장 먼저 감탄했다.

"거울 왕자, 나 정말 놀랐어. 네가 그렇게 멋진 생각을 하다니. 그런 생각은 어떻게 한 거야?"

진우가 싱긋 웃으며 대답했다.

"내 꿈은 큰 회사의 CEO가 되는 거야. 그래서 날마다 거울을 보며 거울 속의 나한테 주문을 걸어. '넌 꼭 멋진 CEO가 될 거야!'라고. 늘 회사를 꾸려 보고 싶었는데 어쩌면 이번 기회에 CEO 공부를 하게 될 수도 있겠네. 너희들이 좀 도와줘, 응?"

CEO? 그게 뭐지? 어디서 들어 본 말 같은데……. 기억이 잘 나지 않았다. 그래서 진우한테 큰 소리로 물어보았다.

"CEO가 뭐하는 건데?"

"CEO는 회사의 최고경영자야. 회사를 대표하는 사람이지. 너도 회사 만드는 일에 관심 있으면 같이 일해 보자."

진우 말이 무슨 뜻인지 정확하게 알아들을 수 없었다. 하지만 우리 손으로 회사를 만들어 꾸려 나간다니 왠지 신나는 일이 일어날 것만 같았다.

특명! 교장선생님을 설득하라

하지만 다음 날 아침, 우리의 꿈은 산산이 깨지고 말았다.

"우리 반 특별활동을 회사 경영으로 정했는데 교장선생님께서 허락하기 어렵다고 하셨어요. 학교 안에서 어린이들이 장사를 하는 것은 문제가 있다고 반대를 하시네요."

선생님 말씀에 아이들은 모두 시무룩해졌다. 거울 왕자가 기발한 의견을 낸 이후 아이들은 6학년 2반 주식회사에서 무슨 일을 해 돈을 벌 것인가에 대해서 이야기를 나누며 즐거워했는데 교장선생님께서 반대하시다니.

잔뜩 꿈에 부풀어 있던 진우는 벌떡 일어나 따지듯 말했다.

"선생님, 꼭 어른들만 회사를 차리라는 법이 있나요? 나이는 어리지만 얼마든지 회사를 잘 꾸려 나갈 수 있다고요! 어른들은 늘 실패를 두려워하지 말라고 말씀하시면서 왜 막상 우리들이 뭔가 해 보려고 하면 막기부터 하시는 건가요? 교장선생님께 저희가 왜

회사를 세우려고 하는지, 또 어떻게 꾸려 나갈 수 있는지 말씀드릴 기회를 주세요!"

진우는 하루 종일 우울해 보였다. 그렇게 좋아하는 거울을 단 한 번도 쳐다보지 않았다. 어떡하든 진우를 달래 주고 싶었지만 뭐라고 말해야 할지 잘 몰라 우물쭈물하며 진우 주변만 얼쩡거렸다. 그때 진우가 갑자기 고개를 홱 들며 이렇게 말했다.

"나쁜 일을 하겠다는 것도 아니잖아. 회사를 꾸려 나가면서 돈 버는 일이 얼마나 힘든지, 돈을 왜 아껴 써야 하는지 배워 보겠다는데 왜 반대하시는 거지? 휴, 어른들은 우리가 어리다고 맨날 엉뚱한 짓만 한다고 생각하나 봐. 정말 속상해!"

진우 말이 맞다. 왜 어른들은 우리를 철부지로만 생각하시는 걸까? 우리도 얼마든지 멋진 생각, 훌륭한 일을 해낼 수 있는데 말이다. 아, 답답하다! 교장선생님을 설득할 좋은 방법이 뭐 없을까?

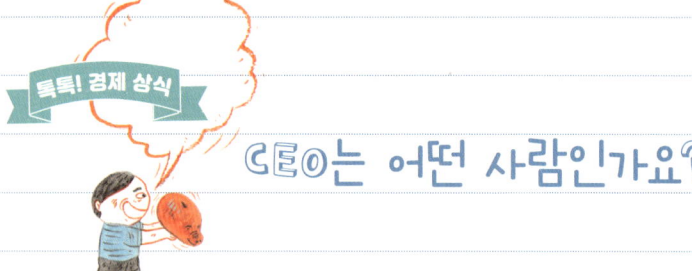

톡톡! 경제 상식 — CEO는 어떤 사람인가요?

　　CEO(Chief Executive Officer)는 회사를 대표하는 사람이에요. 쉽게 말해 회사 사장이라고 할 수 있지요. CEO는 직원을 얼마나 뽑을지, 어떤 물건을 만들면 좋을지, 어떡하면 물건을 많이 팔 수 있을지 같은 일을 결정해요. 한마디로 CEO는 회사를 꾸려 나가는 데 가장 중요한 결정을 하는 사람이지요.

　　그렇다고 CEO가 회사 돈이나 물건을 마음대로 쓸 수 있는 건 아니에요. 여러분이 회사를 세운다고 상상해 볼까요? 사무실도 있어야지, 직원들 월급도 줘야지, 이래저래 들어갈 돈이 참 많을 거예요. 물론 돈이 아주 많다면 별 걱정 없이 회사를 꾸려 나갈 수 있을 테지요.

　　하지만 여러분이 회사를 세우거나 꾸려 나갈 만큼 돈이 충분하지 않다면요? 그럴 때 어떤 회사에서는 필요한 돈을 마련하기 위해 사람들한테 돈을 받고 주식을 팔아요. 이렇게 주식을 팔아 마련한 돈으로 세운 회사를 주식회사라고 하고 주식을 산 사람들을 주주라고 하지요.

주식회사의 CEO는 주로 주주들이 모여 뽑아요. 그렇게 뽑힌 CEO는 월급을 받고 회사를 꾸려 나가지요. 회사를 잘 꾸리면 월급을 많이 받을 수 있지만, 회사를 잘 꾸리지 못하면 쫓겨날 수도 있어요. 그러니 아무리 CEO라고 해도 회사 돈을 함부로 쓸 수는 없답니다.

2장

제발 회사를 만들게 해 주세요

마지막 기회를 붙잡다

"때~앵 땡."

마지막 수업이 끝났다. 평소 같으면 얼른 책가방을 싸서 집으로 달려갔을 거다. 그런데 오늘은 나도 모르게 진우 눈치부터 살폈다. 멍하니 창밖을 바라보고 있는 진우. 아침에 회사를 만들 수 없다는 소식을 들은 뒤부터 풀이 죽어 있었다.

'집에 같이 가자고 말해 볼까?' 생각하며 말을 붙이려고 하는데 진우가 벌떡 일어나며 소리쳤다.

"마지막 기회야!"

그러고는 바람처럼 교실을 빠져나갔다. 도대체 무슨 일이지? 궁금한 마음에 급히 진우를 따라가 보았다.

진우는 운동장을 가로질러 뛰어가다가 무지무지 큰 소리로 교장선생님을 불렀다. 교문을 막 나서려는 교장선생님께서 깜짝 놀랐는지 걸음을 뚝 멈추셨다. 아하! 교장선생님을 직접 설득할 생각이구나. 교장선생님께서 뒤를 돌아보시자, 진우가 기운찬 목소리로 인사했다.

"교장선생님, 안녕하세요?"

"참 씩씩한 학생이군요. 그래, 몇 학년 몇 반인가요?"

교장선생님께서 미소를 지으며 물으셨다.

"6학년 2반입니다."

"아, 회사를 만들겠다던 반이로군."

순간적으로 교장선생님께서 얼굴을 찌푸리셨다. 아마도 교장선생님께서는 학교에서 장사를 하겠다는 우리들의 생각이 몹시 못마땅하셨나 보다. 교장선생님 말씀이 끝나기가 무섭게 진우가 의젓하게 말했다.

"제가 맨 처음 회사를 꾸려 보자고 한 김진우입니다. 교장선생님께서 조금만 시간을 내주신다면, 제가 왜 회사를 만들자고 했는지 설명드리겠습니다."

교장선생님께서는 진우 얼굴을 찬찬히 들여다보시고 물으셨다.

"음, 오늘은 약속이 있어서 안 되고. 내일 수업이 끝난 뒤 교장실로 올 수 있나요?"

진우는 내일 꼭 찾아뵙겠다며 교장선생님께 또 한 번 큰 소리로 인사했다.

"고맙습니다, 교장선생님!"

사업계획서를 쓰다

집으로 향하는 진우의 발걸음이 몹시 경쾌했다. 아직 교장선생님께서 회사 만들기를 허락하신 것도 아닌데 무척 신이 나 보였다. 조금 전까지 시무룩하던 녀석이 맞나?

"야, 거울 왕자! 아직 허락해 주신 것도 아니잖아. 그냥 교장실로 찾아오라고 하신 것뿐인데 뭐가 그렇게 좋냐?"

내가 장난스럽게 말하자 진우가 깜짝 놀라며 뒤돌아보았다.

"아, 전학생! 너였구나. 혹시 다 본 거야?"

내가 고개를 끄덕이자 진우가 대뜸 내 손을 꼭 붙들었다.

"그래? 잘됐다! 나 좀 도와줘."

어? 내가 뭘 어떻게 도와주지? 난 경제의 '경' 자도 모르는데. 나도 모르게 고개를 절레절레 흔들었다. 그러자 진우가 사정하듯이 말했다.

"시간이 없단 말이야. 내일까지 교장선생님께 보여 드릴 자료를 만들어야 하는데……."

"난 너처럼 똑똑하지 않아. 경제에 대해 잘 모른다고. 괜히 방해만 될 거야."

내가 한숨을 내쉬며 대꾸하자 진우가 나를 똑바로 쳐다보며 소리쳤다.

"한준영, 너 순 겁쟁이구나. 왜 한번 해보지도 않고 뒷걸음부터 치냐?"

"그게 아니라……. 어, 그런데 너 내 이름 알고 있었어?"

내가 변명을 하려다가 놀라서 물었다.

"내가 바보야? 같은 반 친구 이름도 모르게?"

내가 누군지 알고 있다니……. 진우한테 고맙고 미안한 마음이 들었다. 진우의 부탁을 들어줄까 어쩔까 잠깐 고민하다가 진우를 돕기로 마음먹었다.

"뭘 어떻게 하면 되는데?"

진우가 눈을 반짝이며 말했다.

"음, 내 생각에 교장선생님께서 우리 생각을 잘 모르시는 거 같아. 어린이가 회사를 차린다니까 괜히 사고나 치지 않을까 걱정부

〈사업계획서〉

1. 회사 이름 : 6학년 2반 주식회사
2. 회사를 왜 세우려 하나?
   첫째, 회사를 세워 돈을 벌어 보면 돈 버는 게 얼마나 힘든지, 돈이 얼마나 소중한지 저절로 배울 수 있다.
   둘째, 회사를 꾸려 나가면서 경제 원리를 하나하나 깨칠 수 있다.
3. 회사를 어떻게 꾸려 나갈 것인가?
   첫째, 6학년 2반 어린이들에게 주식을 팔아 자본금을 마련한다.
   -주주 : 6학년 2반 모든 어린이
    올해의 특별활동이므로 6학년 2반 어린이는 모두 1주 이상의 주식을 사야만 한다.
   -주식 : 400주(한 주에 500원)
   -자본금 : 총 200,000원

터 하시는 거겠지. 그래서 '사업계획서'를 만들어 우리가 왜 회사를 차리려는지, 어떻게 회사를 꾸려 나가려는지 알려 드리려고. 사업계획서를 읽어 보면 우리 마음을 알아주실 거야. 우선 우리 둘이 생각을 모아 사업계획서를 쓰고 내일 아침 자습 시간에 아이들한테 보태거나 뺄 의견이 있는지 물어보자!"

진우는 6학년 2반 주식회사 운영에 대해 많은 아이디어를 가지고 있었다. 하지만 사업계획서를 작성해 본 경험은 없어서 생각을

둘째, 학급회의에서 주식회사 6학년 2반에서
  일할 사람을 뽑는다.
 -일할 사람 : 사장 1명, 부사장 1명, 직원 2~3명
 -월급 : 사장 5,000원, 부사장 4,000원, 직원 3,000원
 -보너스 : 회사를 청산할 때 주주들의 동의를
  얻어 지급한다.
셋째, 평소에는 '학급 문구점'을 꾸려 돈을 번다.
  운동회 같은 학교 행사가 있을 때는 바자회를 열어
  돈을 번다. 어떤 사업을 벌일지는 회사를 운영하는
  사람들이 의논하여 결정하지만 필요한 경우에는
  학급회의 시간에 임시 주주총회를 열어 주주들의
  의견을 묻는다. 매달 마지막 주 학급회의 시간에
  회사 운영에 대해 보고한다.
넷째, 회사를 꾸려 번 돈은 주주총회에서 어떻게
  쓸 것인가 결정한다.

글로 표현하기가 쉽지 않았다. 진우는 사업계획서를 만들 때 주주, 자본금, 주식, 주주총회 같은 어려운 말을 쓰기도 했다. 그때마다 내가 꼬치꼬치 묻는 바람에 사업계획서를 만드는 일이 점점 더 늦어졌다. 우리는 늦은 밤이 되어서야 사업계획서를 완성할 수 있었다.

다음 날 아침 자율학습 시간에 선생님께 사업계획서를 보여 드리며 어제 있었던 일을 말씀드렸다. 선생님께서 사업계획서를 보시더니 제법이라며 칭찬해 주셨다. 선생님께 허락을 맡고 아이들한테도 사업계획서를 나누어 준 뒤 어제 일을 들려주었다.

"와, 정말 뭔가 시작되는 것 같다."

"이 정도면 충분한 것 같은데? 정말 수고했어!"

아이들이 격려해 주니 할 수 있다는 용기가 생겼다. 그래, 모두가 우리를 응원하고 있다. 아자 아자, 힘내자!

만세! 드디어 허락이 떨어졌다

몇몇 친구들이 씩씩하게 잘하라며 교장실 앞까지 함께 가 주었다. 휴, 나도 모르게 한숨이 나왔다. 진우도 떨리는 눈치였다.

"이제 들어갈까?"

내가 고개를 끄덕이자, 진우가 "똑똑" 교장실 문을 두드렸다.

"들어오세요."

우리는 서로의 얼굴을 쳐다보며 주먹을 불끈 쥐어 보이곤 교장실 안으로 들어섰다.

"아, 6학년 2반!"

교장선생님께서 우리에게 가까이 와 앉으라고 하셨다. 진우가 자리에 앉으며 교장선생님께 사업계획서를 보여 드렸다. 교장선생님께서는 말없이 사업계획서를 읽기 시작하셨다.

시간이 얼마나 흘렀을까? 교장선생님께서 고개를 들더니 우리 얼굴을 찬찬히 살펴보셨다.

"제법 고민을 많이 했군요. 그렇지만 학교에서 회사를 차려 돈을 번다는 게……."

교장선생님 말씀이 끝나기도 전에 진우가 입을 열었다.

"교장선생님, 말씀하시는데 끼어들어서 정말 죄송합니다. 하지만 교장선생님께서 뭔가 오해하시는 것 같아서요. 저희가 회사를 차리려는 건 단순히 돈을 벌기 위해서가 아닙니다. 회사를 꾸려 나가다 보면 돈을 벌 때도 있고 손해를 볼 때도 있을 것입니다. 저희는 그런 일들을 겪으면서 돈 버는 일이 얼마나 어려운지, 돈이 얼마나 소중한지 스스로 배워 보려는 것입니다.

또 회사를 끌고 나가려면 어떤 일을 해야 할지 말아야 할지 힘든 결정을 내릴 일도 많을 거예요. 그때마다 저희는 친구들과 의견을 나누며 가장 좋은 방법은 무엇인지 함께 찾아볼 것입니다. 그러다 보면 자연스럽게 생각이 깊고 넓은 어린이로 자랄 수 있을 것입니다. 다른 사람과 의견을 맞추어 나가는 방법도 배울 수 있고요. 마지막으로 회사를 꾸려 나가면 경제 원리를 자연스레 배울 수 있다고 생각합니다."

진우가 말을 마치자, 교장선생님께서 빙그레 웃으셨다.

"김진우 군, 이제 왜 6학년 2반이 회사를 차리려는지 똑똑히 알았어요. 음, 진우 군 말처럼 회사를 꾸려 나가다 보면 이제껏 경험하지 못한 여러 일을 헤쳐 나가야 할 거예요. 친구들과 의견이 달라 맞서는 일도 있을 거고요. 그럴 때마다 지혜롭게 해결해 나갈 수 있나요?"

"예!"

진우와 나는 힘차게 대답했다. 교장선생님께서 무언가 잠깐 생각하시는 눈치셨다. 그러더니 다시 물으셨다.

"경영자는 기업을 경영하면서 이익을 남겨 주주들에게 배당을 해 주어야 할 책임이 있어요. 그런데 일을 제대로 할지 이익이 얼마나 생길지 모르는데 무조건 월급을 주는 것은 문제가 있지 않을까요? 임원이나 직원들의 월급은 없는 것으로 하고 싶은데, 그래도 괜찮을까요?"

진우나 나는 월급을 받고 싶어서 회사를 만들자고 한 것은 아니었다. 그리고 우리가 아닌 다른 친구들 중에 누군가가 회사 일을 하더라도 월급이 없다고 불평할 친구는 없을 것이라고 확신했다. 거울 왕자와 나는 동시에 대답했다.

"예!"

"무엇보다 중요한 건 회사가 망하지 않게 잘 이끌어 나가야 해요. 자신 있나요?"

한 번도 안 해본 일이라 살짝 겁이 났다. 내가 우물쭈물하자 진우가 혼자서 대답했다.

"제가 아직 사장으로 뽑힌 것은 아닙니다. 만약 사장이 된다면

최선을 다해 일할 것을 약속드리겠습니다. 제가 아닌 다른 사람이 사장이 되어도 마찬가지일 거라고 생각합니다."

나도 덩달아 열심히 하겠다고 말씀드렸다. 교장선생님께서 마침내 고개를 끄덕이셨다.

"좋아요, 여러분을 믿어 보지요. 앞으로 1년 동안 6학년 2반이 회사를 꾸려 나가는 것을 허락하겠어요. 일단 회사를 꾸리면 아무리 어려운 일에 부닥쳐도 중간에 그만두어서는 안 돼요. 또 회사 일 때문에 공부를 소홀히 해서도 안 되고요."

교장선생님 말씀이 끝나기 무섭게 진우와 나는 소리쳤다.

"만세!"

교장선생님께서 크게 웃으셨다.

"참, 학급 문구점은 6학년 2반 어린이만 이용할 수 있어요. 전교생을 상대로 다른 사업을 벌이려면 하기 전에 꼭 나한테 허락을 받아야 하고요. 어디까지나 교육적인 측면에서 허락한 것이기 때문에 회사 운영으로 인해 학교 분위기를 해치는 일은 없어야 해요. 약속할 수 있지요?"

진우와 나는 신이 나서 큰 소리로 대답했다.

"예, 약속합니다."

아, 구름 위를 둥둥 떠다니는 느낌이다. 빨리 내일이 오면 좋겠다. 아이들한테 이 소식을 알려 주면 모두 기뻐서 난리를 치겠지?

톡톡! 경제 상식

경제 활동에서 기업의 역할은 무엇일까요?

경제 활동은 크게 생산, 소비, 분배 세 가지 활동으로 나누어요.

생산이란 무엇인가 쓸모 있는 것을 만들어 내거나 그 가치를 높이는 것입니다. 공장에서 물건을 만들어 내는 일 뿐 아니라, 음식점에서 음식을 만드는 일, 의사가 환자를 치료하는 일, 선생님께서 공부를 가르치는 일 등도 모두 생산 활동이지요.

소비란 누군가가 생산한 것을 돈을 내고 사용하는 활동입니다. 여러 가지 물건을 사는 일 뿐만 아니라 우리가 학교에서 공부하는 일, 책을 사서 읽는 일, 돈을 내고 놀이공원에 가서 신나게 노는 일 모두 소비라고 할 수 있지요.

분배란 생산 활동을 한 대가로 돈을 받는 것입니다. 직장에서 열심히 일한 뒤 월급을 받거나, 사업을 해서 이윤을 얻는 것, 예금을 하고 은행에서 이자를 받는 것, 건물이나 땅을 빌려주고 임대료를 받는 것 모두 분배에 해당하지요.

기업은 사람들이 살아가는 데 필요한 물건을 만들어 팔거나 사람들이 필요로 하는 서비스를 팔아서 돈을 버는 모든 곳을 말해요. 그러니까 기업은 경제 활동 중 생산 부문을 담당하는 곳이지요.

기업에서 무엇인가를 만들어 내려면 일할 사람이 필요해요. 그러니까 기업은 사람들에게 일자리를 제공하는 중요한 역할을 맡고 있어요. 기업을 경영하는 사람과 그곳에서 일하는 사람들이 서로 힘을 합쳐서 일하면 그 기업의 생산량이 늘어나고 일할 사람이 더 많이 필요해지면서 기업이 쑥쑥 성장하는 것입니다. 그러다 보면 자연히 월급도 오르고 사람들은 더 잘 살게 되고 나라 경제도 더 튼튼해지는 것이고요.

3장

준비 땅! 첫 사업을 시작하다

주식회사 6학년 2반

아침밥을 먹자마자 책가방을 둘러메고 진우네로 쪼르르 달려갔다. 막 진우네 초인종을 누르려는데 문이 활짝 열리며 진우가 뛰어나왔다. 진우는 눈을 동그랗게 뜬 채 나를 보며 크게 웃었다.

"지금 너네 집에 가려고 했는데……. 우리 텔레파시가 통했나 봐, 하하하!"

진우나 나나 아이들한테 일 초라도 빨리 어제 일을 말해 주고 싶었다. 자연스레 학교로 가는 발걸음이 빨라졌다. 숨을 헐떡이며 교실문을 드르륵 밀었다. 마침 교탁 옆에 담임선생님께서 서 계셨다. 우리는 누가 먼저라 할 것 없이 소리쳤다.

"선생님!"

"어, 진우랑 준영이구나. 좋은 아침!"

진우랑 나는 선생님께 냉큼 인사를 하고는 어제 일을 자랑스레 말씀드렸다.

"그게 정말이니? 교장선생님께서 끝까지 반대하실 줄 알았는데……. 와, 진우랑 준영이 진짜 대단하네!"

우리는 선생님께 허락을 맡고 아침 자율학습 시간에 '마침내 교장선생님께서 회사 만드는 일을 허락하셨다.'는 기쁜 소식을 발표했다. 교실은 금세 시끌벅적해졌다. 신이 나서 책상을 두드리는 아이, 박수를 치며 멋지다고 소리치는 아이, 교실은 정말 흥분의 도가니였다.

"자, 모두 조용! 여러분이 기쁜 건 충분히 알겠는데, 다른 반 친구들을 방해하면 안 되겠지?"

선생님께서 주의를 주시며 떠들썩한 분위기를 가라앉힌 후 말씀하셨다.

"대개의 경우 돈을 벌기 위해 회사를 만들지만 우리는 달라요. 6학년 2반 주식회사를 운영하면서 경제에 대한 관심과 지식을 늘리고, 바람직한 경제 습관을 기르려고 노력하는 게 우선이죠. 진짜로 사업을 하기 위해 회사를 만들면 세무서에 신고하고 사업자 등록증을 받은 후에 일을 시작할 수 있지만 우리는 회사놀이를 하는 거니까 그럴 필요는 없어요. 그런데 회사 이름에 주식회사가 꼭 들어가야 하나요?"

"예, 주식회사라는 말이 뽀대가 나서 좋아요."

모든 것을 뽀대 나는 것과 나지 않는 것으로 나누는 버릇이 있는 규식이가 소리쳤다.

"회사 경영도 하게 되었으니까 이제부터는 우리 품위 있는 말을 쓰기로 해요."

"예, 고쳐 말하겠습니다. 주식회사라는 말을 붙이면 훨씬 근사한 느낌이 들어요. 그러니까 이름에 주식회사가 들어가면 좋겠습니다."

선생님의 지적에 규식이는 멋쩍게 웃음을 지으며 고쳐 말했다. "주식회사는 여러 사람이 함께 돈을 투자해서 만드는 회사예요. 주식회사에 돈을 투자한 사람 즉 주식회사의 주인을 주주라고 하고, 주식회사를 만들기 위해 마련한 돈을 자본금이라고 해요. 냉장고, 에어컨 같은 가전제품이나 자동차를 만들거나 이동통신 서비스를 제공하는 회사를 세우려면 많은 자본금이 필요해요. 이렇게 큰 자본금을 모을 때 주식회사는 가장 합리적인 방식이지요."

"자본금이 작으면 주식회사를 만들 수 없나요?"

선생님의 설명에 지혜가 걱정스런 목소리로 물었다.

"그렇지 않아요. 우리 반 어린이들 모두가 주주가 되는 회사이니까 자본금은 작아도 주식회사인 것만은 틀림없어요."

지혜는 안심했다는 듯이 밝은 목소리로 우리에게 물었다.

"근데 얘들아, '6학년 2반 주식회사'보다 '주식회사 6학년 2반'이 더 근사하지 않니?"

정말 듣고 보니 그렇게 느껴졌다. 다른 친구들도 모두 같은 생각이어서 회사 이름은 '주식회사 6학년 2반'으로 정해졌다.

"자, 회사 이름은 정해졌고, 진우와 준영이가 함께 만든 사업계획서를 나누어 줄 테니까 검토해 본 후 회사를 경영할 사람을 정하기로 해요. 주식회사는 여러 사람에게 주식을 팔아서 자본금을 마련해요. 그러니까 주식을 산 주주들은 모두 주식회사의 주인인 셈이죠. 하지만 모든 주주가 직접 주식회사의 경영에 참여하지는 않아요. 경영은 주주들이 뽑은 경영자가 대신해요. 주식회사 6학년 2반도 우리 반 어린이들 모두 경영에 참여할 수는 없으니까 회사 일을 처리할 경영자를 뽑아야 해요. 그렇지만 경영자가 회사 일을 무엇이든 마음대로 처리하는 건 아니에요. 중요한 문제를 결정할 때는 회사의 주인인 주주들을 모아서 주주총회를 열고 의견을 물어보아야 해요. 주주들은 경영자가 회사에 손해를 많이 입히는 등 문제를 일으키면 경영자를 바꿀 수 있는 권리도 있어요."

선생님의 설명을 들으니 궁금증이 하나하나 풀리면서 우리가 해야 할 일도 조금씩 손에 잡히기 시작했다.

"참, 사업계획서에 사장과 부사장, 직원들의 월급이 적혀 있죠? 그런데 임원이나 직원의 월급은 없다는 조건으로 교장선생님의 허락을 받았으니까 그 점 명심하세요. 임원은 우리 반 누구나 될 수 있어요. 희망자가 많으면 투표를 해서 뽑도록 해요."

주식회사 6학년 2반을 경영하고 싶은 마음이 너무 커서인지 투표를 하자는 선생님 말씀이 야속하게 들렸다.

'얘들아, 월급도 없는 임원이니까 제발 관심 갖지 마라.'

친구들이 사업계획서를 살펴보고 있을 때, 진우가 사장이 되는 것을 반대했던 수진이가 손을 번쩍 들었다. 나는 수진이가 사장이 되고 싶다고 할까 봐 눈을 동그랗게 떴다.

"처음에 저는 진우가 사장이 되는 것을 반대했습니다. 그런데 진우가 만든 사업계획서를 보니까 진우가 사장을 맡는 것이 가장 좋겠다는 생각이 들어요. 회사를 만들자고 제안한 사람도 진우고, 교장선생님을 설득하고 허락까지 받아 냈으니 진우만큼 회사 운영에 대해 생각을 많이 한 사람이 없을 것이라는 생각이 듭니다. 김진우를 사장으로 추천합니다."

여기저기서 '찬성'이라는 소리가 쏟아져 나왔다. 반 친구들 모두 진우가 얼마나 CEO가 되고 싶어 하는지 잘 알기에 선뜻 진우를 밀어주었다.

"하지만 6학년 2반 어린이라면 누구에게나 사장이 될 기회가 공평하게 주어져야지요. 다른 사람 추천도 받아요. 본인이 스스로를 추천해도 좋고요."

그렇지만 모두 진우만큼 회사 경영을 잘할 자신이 없는지 아무도 나서는 사람이 없었다.

"그럼 투표할 것도 없이 사장은 김진우가 맡아야겠군요."

선생님 말씀이 끝나자마자 진우는 반 아이들을 둘러보며 큰 소리로 인사했다.

"감사합니다. 정말 열심히 하겠습니다."

여기저기에서 박수가 터져 나왔다. 분위기가 정리되자 선생님께서 벽시계를 힐긋 보시더니 말씀하셨다.

"음, 곧 있으면 수업 시작할 시간이네. 시간이 별로 없으니까 오늘은 부사장하고, 들어오고 나가는 돈을 관리할 회계까지만 뽑기로 해요. 회사 일을 해보고 싶은 친구들은 어서 손들어 보세요. 또 회사 일을 정말 잘할 거라고 생각되는 친구가 있으면 추천해 주고요."

"저요."

"저요."

사장을 뽑을 때는 가만히 있던 아이들이 이번에는 너도나도 손을 들었다. 순식간에 많은 아이들이 후보에 올랐다. 그런데 그 가운데 '한준영'이라는 내 이름도 끼어 있었다. 진우가 나를 부사장으로 추천해 준 것이다. 가슴이 두근거렸다. 경제에 대해 아무것도 모르지만 어제 진우랑 사업계획서를 만들면서 회사를 직접 꾸려 보고 싶다는 생각이 들었는데…….

드디어 투표가 시작되었다. 두두두둥! 결과는……,

사업계획서를 만드는 일을 도와주었더니 이런 일도 생기네. 하하하, 내가 부사장이 되다니, 정말 꿈만 같았다.

투표가 모두 끝나자 사장으로 뽑힌 진우가 자리에서 일어나더니 조용하고 침착한 목소리로 이야기를 시작했다.

"일 년 동안 여러 친구들의 의견을 존중하며 열심히 주식회사 6학년 2반을 위해 일하겠습니다. 그래서 돈을 많이 벌어 여러 친구들에게 많은 배당금을 드리도록 하겠습니다. 하루 빨리 회사를 운영하기 위해 내일부터 다음 주 금요일까지 주식회사 6학년 2반에 대한 투자를 받겠습니다. 사업계획서에서는 자본금을 20만 원으로 정했는데 이는 최소로 생각한 금액입니다. 그러니까 여러분들이 더 많은 투자를 원한다면 자본금을 늘릴 생각입니다. 6학년

2반 어린이 모두 주주가 되어야 하니까 적어도 한 주 이상은 사야 합니다. 주식은 한 주당 500원이니까 돈은 500원 단위로 준비하면 됩니다."

"주식회사 6학년 2반에 밑천을 대면 많이 벌어 두둑하게 이익을 남겨 줄 테니까, 500원 단위로 원하는 만큼 돈을 준비해 오라는 말이지요?"

진우는 투자, 자본금, 배당금과 같은 어려운 낱말들을 썼지만 친구들은 진우가 말하려고 하는 내용을 잘 알아들었다.

"맞습니다. 그런데 이 돈은 없어지는 돈이 아니고 졸업식 전에 주주총회를 한 후 여러분에게 돌려드릴 겁니다. 물론 회사가 돈을 벌지 못한다면 투자한 돈보다 적게 돌려받을 수도 있습니다. 그러나 회사가 돈을 많이 벌었다면 두둑한 배당금도 함께 받을 수 있어요. 저희들을 믿고 많이 투자해 주기를 바랍니다."

진우는 아주 의젓하게 친구들에게 투자를 권했다. 하지만 나는 진우처럼 의젓할 수가 없었다. 색다른 경험을 하게 된다는 기대로 마음이 설레어 자꾸만 얼굴이 화끈거렸다.

주식을 팔아 자본금을 모으자

 수업이 끝나고 진우, 나, 보람이는 교실 한쪽에 모여 앞으로 회사를 어떻게 꾸려 나갈지 의논했다. 가장 먼저 입을 연 건 보람이었다. 보람이는 우리가 쓴 사업계획서를 꼼꼼히 살펴보더니 이렇게 물었다.

 "음, 사업계획서를 보면 말이야, 주식회사 6학년 2반은 반 친구들한테 주식을 팔아 회사를 꾸려 나가는 데 필요한 자본금을 마련한다고 써 있어. 그럼 주식을 많이 팔면 팔수록 자본금이 많아지겠네?"

 나와 진우가 고개를 끄덕였다.

 "내일 1교시 수업이 끝나면 주식을 팔기 시작할 거야. 주식을 볼 때마다 '회사가 잘 꾸려지고 있나?' 하며 회사 일에 관심을 갖지 않을까? 하하하! 이런 생각까지 해내다니, 준영이랑 나 정말 똑똑하지?"

진우가 거울을 보며 뻐기듯 말했다.

"으음, 주식이라······. 그럼 주식 모양은 어떻게 할 건데? 생각해 봤어?"

보람이가 뜻밖의 질문을 했다. 솔직히 나랑 진우는 주식을 어떻게 만들지는 생각해 본 적이 없다. 내가 머리를 긁적이며 말했다.

"주식 모양? 우리는 그냥 흰 종이에 '주식회사 6학년 2반 주식, 500원'이라고 써서 나눠 주려고 했는데······."

보람이가 갑자기 한숨을 푹 내쉬더니 이렇게 말했다.

"아이 참, 이왕 만들 거면 예쁘게 만들어야지. 요즘은 뭐든지 예뻐야 해! 주식을 딱 보고 '아, 갖고 싶다!' 이런 마음이 들면 주식을 살 마음이 없다가도 예뻐서 살 수도 있잖아. 아유, 먼저 주식부터 만들어야겠다!"

그길로 우리는 보람이네 가서 주식을 만들기 시작했다. 컴퓨터로 작업한 뒤 이게 나을까 저게 나을까 한참 저울질하다가 마침내 하얀 바탕에 파란 띠가 멋지게 어울리는 틀을 찾았다. 그러고는 그 안에 필요한 내용을 쓰고 프린트했다. 예쁜 틀을 골라 정리해 놓으니 아주 그럴듯해 보였다.

다음 날 1교시 수업이 끝나자마자, 진우가 교탁에 서서 친구들에게 주식을 보여 주며 말했다.

"지금부터 주식회사 6학년 2반에서 주식을 팔겠습니다. 주식은

한 주에 500원입니다. 여러분이 산 주식은 주식회사 6학년 2반을 꾸려 나가는 밑천이 될 것입니다.

처음 회사 일을 해보는 거라 실수를 많이 할지도 모릅니다. 어쩌면 일 년 뒤에 여러분이 주식에 투자한 돈을 한 푼도 되돌려 드리지 못할 수도 있습니다. 하지만 결코 쓸데없는 일에 회사 돈을 쓰거나 회사 일을 얼렁뚱땅하는 일은 없을 것입니다. 회사에 중요한 일이 있으면 늘 여러분과 의논하여 결정하겠습니다.

함께 회사를 꾸려 나가면서 경제 원리도 배우고, 어려운 일에 부닥쳤을 때 의견을 나누며 문제를 해결해 봅시다. 다시 한 번 주식회사 6학년 2반에 많이 투자해 주시길 부탁드립니다."

진우의 말이 끝나자 수진이가 손을 들었다.

"만일 주식을 잃어버리면 투자금과 배당금을 받을 수 없나요?"

"아닙니다. 회계가 주식 수첩에 주식 번호별로 누가 주식을 얼마나 샀는지 기록할 겁니다. 그러니까 주주들이 주식을 잃어버려도 문제는 없습니다."

아이들은 주식을 보며 신기하다는 둥, 참 예쁘다는 둥 야단을 떨어 댔다. 우리는 한껏 기대에 부풀었다. 반응이 좋은 걸 보니 주식이 많이 팔릴 것 같았기 때문이다. 준비해 온 증명서가 50장밖에 안 되는데 모자랄까 봐 은근히 걱정이 되었다.

하지만 '첫술에 배부르랴.'는 속담처럼, 주식은 겨우 11주만 팔렸다. 진우는 한숨을 푹 내쉬었다. 난 진우를 달래 주었다.

"내일은 오늘보다 많이 팔릴 거야. 이제부터 시작인데 너무 실망하지 마."

"그래, 난 처음부터 너무 잘되면 괜히 불안하더라."

보람이도 옆에서 활짝 웃으며 말했다.

우리 예상대로 주식은 하루가 다르게 잘 팔렸다. 자기가 직접 회사에 돈을 투자한다는 게 신기한지 또 사는 아이도 있었다. 주식을 10주 넘게 산 아이도 많아졌다. 선생님께서도 주식을 20주나 사 주셨다. 보람이와 함께 선생님께 주식을 가져다 드리자, 선생님께서 물으셨다.

"보람아, 주식을 팔고 받은 돈은 잘 정리해 두었니?"

보람이가 배시시 웃으며 수첩을 툭툭 쳤다. 그러고는 수첩을 살짝 펼쳐 어떤 내용이 적혀 있는지 보여 드렸다.

날짜	들어온 돈	나간 돈	가지고 있는 돈	내용
3월 13일	5,500원		5,500원	주식 판 돈
3월 14일	27,000원		32,500원	주식 판 돈
3월 15일	33,500원		66,000원	주식 판 돈

"어쩜 이렇게 잘 정리했니? 우리 보람이 정말 꼼꼼한걸."

선생님께서 크게 웃으시며 보람이를 칭찬해 주셨다.

그럼요, 선생님! 주식회사 6학년 2반 회계는 아무나 되는 게 아니라고요!

6학년 2반 문구점을 열다

주식이 150주 넘게 팔리자 우리는 첫 번째 사업을 시작하기로 했다. 첫 번째 사업은 바로 6학년 2반 문구점! 문구점을 어디에 세우면 좋을지 교실 구석구석을 살펴보았다. 교실 뒤 게시판 왼쪽 자리가 안성맞춤이었다. 보람이가 진열장을 만든다며 집에서 안 쓰는 종이 상자 세 개를 가져왔다. 정성껏 포장지를 붙여 층층이 쌓아 놓았더니 금세 그럴듯한 진열장이 만들어졌다. 진열장 한쪽에 '6학년 2반 문구점'이라는 종이 간판도 붙여 두었다.

여기에 물건만 채워 넣으면 본격적으로 첫 사업을 시작하는 거다. 뿌듯한 마음으로 진열장을 만져 보는데, 뒤에서 진우랑 보람이가 아옹다옹하는 소리가 들렸다.

"학용품 사는 데 왜 남대문 시장까지 가야 해? 난 멀어서 가기 싫다고. 그냥 학교 앞 문구점에서 사도 되잖아!"

보람이가 입을 쭉 내밀며 투덜거렸다.

"휴, 네 말대로 우리가 학교 앞 문구점에서 학용품을 사서 판다고 생각해 보자. 문구점 아저씨는 우리한테나 다른 아이들한테나 똑같은 돈을 받고 물건을 팔 거야."

"그런데?"

"음, 우리가 학교 앞 문구점에서 공책을 500원 주고 샀다고 치자. 그럼 우린 그 공책을 얼마에 팔 수 있을까? 이윤을 남겨야 하니까 550원 정도에? 그럼 학교 앞 문구점에서는 500원에 파는 공책을 우리는 550원에 파는 셈이야. 너라면 우리 문구점에서 물건을 사겠니?"

보람이가 고개를 설레설레 흔들었다.

진우 말이 맞다. 학교 앞 문구점에서 물건을 사서 이윤을 붙인다면, 우리는 더 비싼 값에 물건을 팔 수밖에 없다. 그럼 아이들은 6학년 2반 문구점에서 물건을 사지 않을 거다. 우리는 진우의 의견을 좇아 이번 토요일에 남대문 시장에 있는 학용품 도매점에 가기로 했다. 진우 말대로라면, 그곳에서 물건을 사면 학교 앞 문구점보다 훨씬 싼값에 살 수 있다고 한다. 진우 말이 틀리지 않다고 생각한 보람이도 살짝 진우의 눈치를 보더니 어떤 물건을 얼마만큼 살지 정리해 보자고 했다. 그러면서 이렇게 덧붙였다.

"일단은 공책, 연필, 샤프, 샤프심, 지우개같이 우리가 많이 쓰는 물건을 사 오는 게 어떨까? 괜히 이것저것 사 왔다가 안 팔리면 처치 곤란이잖아.”

우리는 보람이 말에 동의했다. 살 물건을 다 정하고 헤어지려는데, 진우가 웃으며 말했다.

"다음 주 월요일은 아침부터 바쁘겠는걸. 토요일에 사 온 물건들 정리해야지, 개업식 준비도 해야지. 와! 벌써부터 기대된다."

개업식이라……. 하긴 주식회사 6학년 2반의 첫 사업이 시작되는 날이니까 그냥 넘어갈 수는 없지.

그래, 이제부터 시작이다. 주식회사 6학년 2반, 열심히 부지런히 성실히 달려 보자고!

톡톡! 경제 상식
같은 물건인데 물건값이 달라요

가격은 상품이나 서비스의 가치를 나타내요. 예를 들어 9백 원과 3백 원짜리 볼펜이 있다면 9백 원짜리 볼펜의 가치는 3백 원짜리 볼펜의 세 배라는 뜻이지요. 그렇다면 상품의 가치가 같은 물건은 가격도 모두 같아야 할 텐데, 왜 학교 앞 문구점보다 학용품 도매점이 더 쌀까요?

가격은 생산에 들어간 비용에 이윤이 더해져서 정해져요. 어떤 상품을 만들어 내는 데 들어가는 비용을 전부 합친 것을 원가라고 해요. 원가에는 상품을 만들기 위해 구입한 원료, 만드는 사람들에게 준 임금, 기계나 공장을 짓는 데 들어간 시설비, 판매를 늘리기 위해 들어간 광고비 등이 모두 들어가지요.

실제로 사람들이 상품이나 서비스를 살 때 지불하는 가격을 판매가라고 해요. 판매가는 이러한 원가에 상품을 만든 사람의 이윤과 상품이 유통되는 과정에 들어간 비용과 도매상이나 소매상의 이윤이 포함

되어 정해진답니다.

　학용품 도매점은 공책, 연필 따위를 '중간상인'을 거치지 않고 직접 공장에서 사 오는데, 학교 앞 문구점은 학용품 도매점 따위를 거쳐 물건을 사 와요. 문방구 주인은 학용품 도매점에서 사 온 값보다 비싸게 팔아야 이윤을 남길 수 있겠지요? 그래서 같은 물건이라도 학교 앞 문구점에서 살 때와 학용품 도매점에서 살 때 값이 달라지는 거예요.

　또 학용품 도매점은 묶음으로 물건을 파는 일이 많아요. 물건 하나를 팔 때 남는 이윤은 작더라도 많이 팔면 전체 이윤이 높아져요. 그래서 낱개로 물건을 파는 학교 앞 문구점보다 물건값을 싸게 매겨도 손해를 보지 않는답니다.

4장

일할 사람이 더 필요해요

문구점이 잘돼서 속상하다?

"이 공책 500원 맞지?"

지혜가 500원을 건네며 파란색 공책을 집어 들었다. 야호! 쉬는 시간 시작한 지 채 5분도 안 됐는데 벌써 지우개 1개, 공책 2권을 팔다니, 성적이 꽤 좋은걸. 지난 달에 6학년 2반 문구점을 연 뒤부터 진우, 나, 보람이는 쉬는 시간마다 번갈아 가며 문구점을 맡아 보고 있다. 문구점은 제법 잘돼, 수업이 끝나고 그날 판 물건과 돈을 맞춰 보는 재미가 쏠쏠했다.

내가 콧노래를 흥얼거리며 삐뚤빼뚤해진 물건들을 정리할 때였다. 언제 왔는지 진우가 문구점 앞에 쪼그리고 앉아 말을 건넸다.

"준영아, 장사 잘돼?"

"응, 벌써 지우개 1개, 공책 2권 팔았어!"

내가 씩 웃으며 손가락으로 V 표시를 했다. 진우가 내 말을 듣더니 한숨을 내쉬며 말했다.

"휴, 나도 문구점이 잘돼서 정말 기뻐. 그런데 한편으로는 무지 속상해."

문구점이 잘되는데 왜 속상하지? 내가 고개를 갸웃거리는 사이 진우가 다시 말을 이었다.

"문구점이 너무 바쁘니까 다른 생각을 전혀 할 수 없잖아. 쉬는 시간에는 셋에서 돌아가며 학용품 팔아야지, 수업 끝나면 그날 판 물건과 돈 맞춰 봐야지, 또 토요일에는 남대문 시장에 가서 물건 사 와야지. 눈코 뜰 새 없이 바쁘니 언제 새 사업을 벌이냐고. 하고 싶은 일이 얼마나 많은데……."

아하! 역시 이 녀석은 CEO를 꿈꿀 만하다. 진우는 지금 주식회사 6학년 2반을 꾸려 나가면서 여러 사업을 해보고 싶은 거다. 그런데 문구점 일에 쫓겨 다른 사업은 생각조차 할 수 없으니…….

뭔가 좋은 방법이 없을까? 그 순간 '그럼 일할 사람을 더 뽑으면 되잖아?'라는 생각이 머릿속을 스치듯 지나갔다.

"진우야! 우리 직원을 두 명 정도 더 뽑는 건 어떨까? 새로 뽑은 직원들한테 문구점을 맡기고 우리는 두 번째 사업으로 뭘 하면 좋을지 생각해 보는 거야. 내 생각 어때?"

진우가 내 말을 듣더니 무척 기뻐했다. 우리는 얼른 보람이를 불러 직원 뽑는 일을 의논했다. 보람이도 슬슬 새로운 일을 해 보고 싶었다며 대찬성이었다.

"내일 아침 자율학습 시간에 직원 두 명을 더 뽑을 거라고 말하고 원하는 사람 중에서 정하는 건 어때?"

나는 일을 가장 빨리 처리할 수 있는 방법을 말했는데 진우 생각은 달랐다.

"아니야. 회사는 고객의 관심을 계속 끌어야 번창할 수 있어. 그러니까 무슨 일을 하든지 그 일을 마케팅 수단으로 이용하는 게 좋아. 직원을 뽑는 일을 통해서도 친구들이 우리 회사에 관심을 더 가질 수 있게 만들어야지."

직원 뽑는 일을 마케팅 수단으로 이용하려면 또 일을 벌여야 한다. 일손을 구하기 위해 직원을 뽑기로 했는데, 직원 뽑는 일로 더 바빠져야 하다니. 나는 불만에 찬 얼굴로 진우를 바라보았다.

"하하하, 준영이가 많이 힘든가 보네. 이번 한 번만 참아 줘라. 마침 오늘이 학급회의하는 날이니까 이따 애들한테 말하면 되겠다. 이 기회에 우리도 직원 모집 광고를 내볼까?"

함께 일할 사람을 찾습니다

학급회의가 끝나 갈 무렵이었다. 회장은 회의를 끝내기 위해 반 아이들을 둘러보며 말했다.

"마지막으로 더 하실 말씀이 있는 학생은 손을 들고 발표해 주십시오."

진우가 손을 번쩍 들고 의젓하게 발표했다.

"주식회사 6학년 2반에서 드릴 말씀이 있습니다. 여러분 덕분에 문구점이 나날이 발전하고 있습니다. 요즘은 저희가 가져다 놓은 물건을 사는 학생들뿐 아니라 필요한 물건을 사다 달라고 부탁하는 학생들도 많아졌습니다. 그래서 이참에 6학년 2반 문구점을 맡아볼 직원을 두 명 정도 더 뽑으면 어떨까 합니다."

갑자기 교실이 어수선해졌다.

"문구점 일, 은근히 재미있어 보였는데……."

"나도 해볼 수 있을까?"

여기저기서 소곤거리는 소리가 들려왔다.

"모두 조용히 해 주십시오."

회장이 교탁을 탁탁 두드리며 말했다. 그러고는 저번처럼 투표로 직원을 뽑는 게 어떻겠냐고 물었다. 그때 진우가 고개를 살짝 저으며 말했다.

"으음, 회사에서는 보통 직원을 뽑을 때, 직원 모집 광고를 냅니다. 저희도 직원 모집 광고를 내서 직원을 뽑아 보고 싶습니다."

진우 말이 끝나자, 아이들은 모두 재미있겠다며 좋아했다.

다음 날 아침, 우리는 게시판에 직원 모집 공고를 붙였다.

주식회사 6학년 2반에서 함께 일할 사람을 찾습니다.

하는 일 : 학급 문구점에서 물건 파는 일
뽑을 사람 : 2명
언제까지 : 2019년 4월 10일
어떻게 : 이름과 일하고 싶은 이유를 적어
　　　　 부사장 한준영에게 내주세요.

주식회사 6학년 2반에서 일하고 싶다고 한 친구는 모두 다섯 명! 우리는 아이들 이름과 일하고 싶은 이유를 적은 종이를 보며 누구를 뽑을지 한참 의논했다.

"아유, 머리 아파! 차라리 그냥 투표로 뽑을 걸 그랬어. 그러면 이런 고민은 안 해도 되잖아."

보람이가 살짝 얼굴을 찌푸리며 투덜거렸다.

"그러게. 누구를 뽑고 누구를 떨어뜨려야 할지 도무지 모르겠다. 휴, 떨어진 아이들은 무척 섭섭할 텐데."

나는 떨어진 아이들이 우리를 고깝게 생각할까 봐 살짝 걱정이 되었다. 내 말이 끝나자마자 보람이가 냉큼 맞장구치며 이렇게 말했다.

"맞아. 문구점에서 일하고 싶다는 아이들 가운데 친한 아이가 끼어 있으면 더더욱 곤란하다고. 나도 단짝인 지혜가 자기를 꼭 뽑아 달라고 부탁해서……."

그때 한동안 잠자코 있던 진우가 입을 열었다.

"너희가 뭘 걱정하는지 나도 잘 알아. 하지만 떨어진 아이들이 투덜거릴 걸 두려워하면 어떻게 직원을 뽑을 수 있겠니? 붙는 사람이 있으면 당연히 떨어지는 사람이 있는 거잖아. 또 친한 사람을 떨어뜨리면 서운할 거란 생각으로 그 사람을 뽑으면, 회사에 꼭 필요한 사람을 못 뽑을 수도 있어. 그러니까 처음 생각했던 대로 일하고 싶은 이유를 정성껏 적은 사람 순서대로 등수를 매겨서 1등하고 2등을 직원으로 뽑자. 어때?"

진우 말을 듣고 보니 괜한 걱정을 했다는 생각이 들었다. 보람이도 나랑 같은 생각인지 고개를 끄덕였다. 아무튼 진우 녀석, 회사 일을 할 때면 제법 어른스럽다니까.

1등으로 뽑힌 사람은 은구슬이었다. 구슬이는 워낙 꼼꼼하고 성실해서, 문구점 일을 무척 잘할 것 같았다. 문제는 2등이다. 일하고 싶은 이유만으로 보면 김규식을 뽑아야 한다. 규식이는 부사장이 되고 싶다며 스스로 선거에 나설 만큼 주식회사 6학년 2반에서 일하고 싶어 했다. 또 써낸 글을 보면 문구점을 열심히 돌보겠다는 마음을 충분히 느낄 수 있었다. 하지만 규식이는 엄청 덤벙댄다. 오죽하면 별명이 덜렁이일까? 우리가 규식이를 바로 뽑지 못하고 망설이는 것도 바로 그 때문이었다.

"규식이가 덜렁대다 실수하면 어떡해? 아무래도 규식이한테는 마음 놓고 일을 맡길 수 없을 것 같아."

보람이가 걱정스레 말을 꺼냈다. 그러자 진우도 보람이를 거들었다.

"그래, 규식이가 이 일을 하고 싶어 하는 건 잘 알겠는데 왠지 믿음이 안 간다. 혹시 물건값을 제대로 받지 않고 물건을 내주면 큰일이잖아."

나도 규식이가 썩 마음에 들지는 않았다. 하지만 보람이와 진우가 규식이를 자꾸 밀어내려 하자, 왠지 안됐다는 생각이 들었다.
"규식이가 덜렁거리는 건 나도 인정해. 하지만 규식이처럼 적극적으로 문구점을 돌보겠다는 아이가 또 있을까? 어차피 새 직원을 뽑고 처음 일주일 동안은 우리가 문구점 일을 도와줄 생각이었잖아. 일을 꼼꼼히 알려 주면 규식이도 잘할 수 있을 거야."

진우는 내 말을 듣고는 규식이가 쓴 글을 다시 읽어 보기 시작했다.

"그래, 준영이 말처럼 자기가 좋아서 하는 일이니까 누구보다 열심히 할 거야. 또 실수는 누구나 하는 거고. 실수하면 우리가 바로잡아 주면 되지 뭐."

진우가 내 의견에 찬성하며 씩 웃었다. 진우까지 찬성하자, 보람이는 어쩔 수 없다는 듯 고개를 끄덕였다.

4월의 첫 월요일 아침. 보람이가 새 직원이 될 사람을 알리는 내용을 게시판에 붙였다. 구슬이는 자기가 뽑힌 것이 당연하다고 생각했는지 별로 놀라지 않고 방긋 웃기만 했다. 그런데 문제는 규식이었다. 너무 좋아서 문구점 앞에서 깡충깡충 뛰면서 손을 내젓다가 그만 문구점 진열장을 넘어뜨리고 만 것이다. 진열장에 있던 연필이며 공책, 색종이 들이 교실 바닥에 어지럽게 쏟아졌다. 으악! 내가 두 사람을 설득해서 뽑은 규식이가 저렇게 덜렁이라니. 이제

와서 규식이 대신 다른 사람을 뽑을 수도 없는데, 계속 저런 실수를 하면 진우나 보람이는 날 원망하겠지?

 규식아, 제발 날 살려 주렴!

뭐라고? 웬 외상?

사건은 새 직원을 뽑고 며칠 뒤에 일어났다.

그날도 주식회사 6학년 2반 직원들이 수업이 끝난 후 모두 모였다. 나랑 진우, 규식이는 진열장을 둘러보며 어떤 물건이 부족한지 알아보고 있었고, 보람이는 구슬이가 그날 팔린 물건과 돈을 맞춰 보는 걸 도와주고 있었다. 그때 구슬이가 울먹이며 말했다.

"휴, 도대체 왜 이럴까? 아무리 계산해 봐도 팔린 물건의 수와 받은 돈이 맞지 않아……."

"구슬아, 너무 걱정하지 말고 다시 계산해 봐. 혹시 실수했을 수도 있으니까."

옆에서 지켜보던 보람이가 말했다. 구슬이가 고개를 절레절레 흔들더니 이렇게 말했다.

"나도 처음에는 그런 줄 알았어. 그런데……, 벌써 사흘째인걸. 너희한테 말할까 말까 고민했는데, 사실 화요일에 계산을 맞춰 볼 때부터 500원이 부족했어."

"구슬아, 그럼 화요일에 말을 했어야지."

보람이가 답답하다는 듯 한숨을 내쉬며 말했다.

"바로 말 안 해서 미안해. 혹시나 하는 마음에 며칠만 기다려 보려고 했어. 아무래도 내가 물건 팔 때 실수한 거 같아. 어쩔 수 없지 뭐, 내가 물어내야지. 속상하지만 내 실수니까……."

구슬이가 보람이 눈치를 보며 작은 목소리로 말했다.

"잠깐만!"

그때 규식이가 다급하게 말을 꺼냈다.

"미안, 미안. 내가 화요일에 도현이한테 공책을 외상으로 팔았는데 깜박하고 수첩에 안 적었나 봐. 정말 미안해."

규식이 말이 끝나기가 무섭게 보람이가 나섰다.

"김규식, 지금까지 외상으로 학용품을 판 적이 없는데 네 마음대로 외상을 주면 어떻게 해. 또 깜박할 게 따로 있지. 판 물건, 들어온 돈을 적는 일을 어떻게 잊어버릴 수 있니? 그건 문구점 일을 할 때 가장 기본이라고!"

보람이가 발끈해서 소리치자, 규식이는 어쩔 줄 몰라하며 계속 미안하다는 말만 되풀이했다.

"보람아, 이제 그만해. 규식이도 반성하고 있잖아. 돈이야 내일 도현이한테 받으면 되지, 뭐."

진우가 보람이를 달래며 말했다. 그런데 진우 말이 오히려 보람이의 화를 돋우었다.

"우리가 회사를 꾸린 이유가 뭐야? 단순히 돈을 벌기 위해서가 아니잖아. 회사를 꾸려 나가면서 경제 공부를 하자고 말한 사람이 거울 왕자 너 아니었어? 물건을 사고팔 때 가장 중요한 건 서로 신용을 지키는 일이야. 그런데 도현이와 규식이는 신용을 소홀히 여겼어. 도현이는 외상으로 물건을 산 지 사흘이 지났는데 돈 갚을 생각조차 안 했고, 규식이는 외상으로 물건을 팔고도 돈 받는 일을 깜박했어. 이게 보통 일이야? 진우 넌 어떻게 이 일을 그냥 넘기려 해?"

"보람아, 내가 왜 신용이 중요하다는 걸 모르겠니? 나도 신용을 지키지 못한 규식이와 도현이가 잘못이라고 생각해. 하지만 이번 일은 규식이가 처음이라 잘 몰라서 한 실수니까, 우리가 이해해 주자는 거야, 응? 규식이도 이번 같은 실수는 두 번 다시 하지 않을 거야."

진우가 차분한 목소리로 말했다. 옆에서 구슬이랑 나도 보람이의 화를 풀어 주려 애썼다. 우리가 모두 나서자, 보람이도 한풀 꺾였는지 한결 부드러워진 목소리로 말했다.

"큰소리 내서 미안해. 하지만 난 규식이랑 도현이가 외상을 별일 아니라고 생각하는 게 너무 걱정스러웠어. 우리 나이 때부터 외상을 우습게 보면 나중에 어른이 되어서 큰코다치기 쉽다고. 어쩔 수 없이 외상으로 물건을 샀다면 되도록 빨리 갚아야 해!"

 규식이도 보람이가 자기를 걱정해서 화를 냈다는 걸 알고는 더욱 미안해했다. 그러고는 앞으로 외상으로 팔아야 한다면 조심하겠다고 약속했다. 보람이가 화를 가라앉히자 갑자기 도현이 얼굴이 떠올랐다. 과연 도현이가 내일 돈을 갚을까? 돈을 갚지 않으면 보람이가 가만있지 않을 텐데. 안 되겠다! 집에 가자마자 도현이한테 전화해야지.

 도현아, 내일은 외상값 꼭 갚아라!

똑똑! 경제 상식

직업을 가지려면 어떤 준비가 필요할까요?

직업이란 일을 한 대가로 소득을 얻는 활동이고, 직업을 가진 사람들이 일하는 장소를 직장이라고 해요.

직업을 가진 사람들을 크게 둘로 나누면 임금노동자와 자영업자로 나눌 수 있어요.

임금노동자는 회사원이나 선생님처럼 다른 사람이나 기업에 고용되어 일을 하고 봉급을 받는 사람입니다. 자영업자는 자신의 전문 분야를 찾아 스스로 돈벌이를 하는 사람이고요. 변호사나 의사, 소설가, 슈퍼마켓이나 꽃집, 학교 앞 문방구 주인 들은 모두 자영업자랍니다.

돈을 벌기 위해서 일을 하는 것은 즐거움을 얻기 위해 하는 취미 생활과는 달라요. 직장에서는 싫건 좋건 맡겨진 일을 해야만 해요. 그러니까 되도록이면 자신의 능력이나 적성에 맞는 직업을 가져야 즐겁게 일할 수 있어요.

사회가 빠르게 변하면서 수많은 직업이 새로 생기기도 하고 없어지기도 해요. 이렇게 복잡한 사회에서 나에게 가장 알맞는 일을 찾으려면 직업을 택하기 전에 많은 준비가 필요하지요.

  우선 여러 직업에 대한 공부가 필요해요. 직업을 소개하는 책도 읽어 보고, 그 분야에서 활동하는 전문가들의 이야기도 들어 보면서 내가 하고 싶은 일의 성질과 그 일을 하는 데 필요한 자질이 나의 적성과 흥미, 성격, 신체적 조건과 맞는지 따져 봐야 해요. 아무리 멋진 직업을 갖는다고 하더라도 자기 적성이나 성격에 맞지 않으면 일하면서 좋은 성과를 거두기 힘들거든요. 그리고 직업에 대한 전망, 일하는 환경 등도 알아봐야겠지요.

  다음에는 원하는 직업이 요구하는 교육 수준과 취업 방법 등을 알아보고 이를 위한 준비를 해야 합니다. 꿈을 가진다고 무조건 꿈이 이루어지는 것은 아니니까요.

  꿈을 이루기 위해선 그에 알맞는 준비를 해야 꿈을 현실로 만들 수 있답니다.

5장

카네이션을 선물하세요

교장선생님께 거절당하다!

"음, 소운동회 때 작은 분식점을 열어 음식 장사를 하겠다는 생각은 재미있네요. 하지만 학생들이 음식을 사 먹으러 왔다 갔다 하면 소운동회 때 질서를 제대로 지키기 힘들 거예요. 우왕좌왕 헤매는 학생이 많을 테니까요. 소운동회도 국어 시간이나 수학 시간처럼 여러분이 열심히 참여해야 하는 수업이에요. 처음에 말했듯이 수업에 방해가 되는 사업은 허락할 수 없어요. 그러니 다른 사업을 생각해 보세요."

교장실에 들어설 때만 해도 우리는 새 사업을 벌일 생각에 몹시 들떠 있었다. 하지만 교장선생님 말씀을 듣고 보니 우리 생각이 짧았다는 걸 알았다. 그래도 기껏 생각해 낸 사업이 거절당하니 몹시 속상했다. 시무룩한 얼굴로 교장실을 나가려는데 교장선생님께서 이렇게 말씀하셨다.

"사업을 하다 보면 뜻하지 않은 어려움에 자주 부닥칠 거예요.

그럴 때 주식회사 6학년 2반 친구들은 어떻게 할 건가요? 그냥 포기할 건가요? 난 여러분이 훌륭한 해결 방법을 찾아낼 거라고 믿어요."

교장선생님께서 다독거려 주셨지만 도무지 기운이 나지 않았다.

"이제 어쩌지?"

교실로 돌아온 진우가 한숨을 내쉬며 말했다. 보람이가 진우 어깨를 툭툭 치더니 씩씩하게 말했다.

"주식회사 6학년 2반, 이만한 일에 이렇게 풀죽어 있을 거야? 아예 새 사업을 못하는 것도 아닌데 왜 실망해? 작은 분식점보다 더 좋은 생각이 떠오를지 누가 아니? 자, 오늘은 그만 헤어지자. 헤헤헤! 사실은 오늘이 엄마 생신이라 내가 좀 바쁘거든. 꽃집에 들러 꽃다발도 사야 하고. 구슬아, 같이 갈래?"

구슬이가 고개를 끄덕였다. 보람이와 구슬이가 막 교실 밖으로 나가려던 참이었다.

"그렇지, 꽃! 어버이날이 가까워지니까 카네이션을 팔자."

진우가 갑자기 소리를 질렀다. 보람이가 진우 말을 듣더니 박수를 치며 좋아했다.

"거봐, 내가 뭐랬어? 작은 분식점보다 근사한 생각이 떠오를 거라고 했잖아. 정말 좋은 생각이야. 음, 꽃은 금방 시드니까 5월 7일 새벽에 사 와서 그날 하루만 팔기로 하자. 쉬는 시간하고 수업이 모두 끝난 뒤에만 카네이션을 판다고 말씀드리면, 교장선생님께서도 허락해 주실 거야."

5월 7일에 작은 꽃집을 열어요

 우리는 담임선생님께 허락을 맡고 조회 시간에 작은 분식점을 할 수 없다는 소식을 발표했다. 아이들은 몹시 아쉬워했다.
 "에이, 그냥 허락해 주시지. 난 소운동회 때 떡볶이, 어묵 사 먹을 생각에 무척 신났는데."
 특히 먹보 찬영이는 큰 소리로 투덜거렸다. 아이들이 웅성거리자, 진우가 크게 헛기침을 하며 말했다.
 "여러분, 그만 안타까워하고 제 말 좀 들어 주세요. 저희도 작은 분식점을 열지 못해 정말 속상합니다. 하지만 사업을 한다며 소운동회를 방해할 순 없잖아요. 으음, 그래서 말인데요, 어차피 새 사업을 할 생각이었으니까 작은 분식점 대신 작은 꽃집을 열면 어떨까요? 작은 꽃집에서는 어버이날을 맞이해 카네이션을 팔 생각입니다."
 아이들은 작은 분식점은 그새 잊어버렸는지 작은 꽃집 이야기로 시끌벅적해졌다. 진우가 반 아이들을 둘러보며 말을 이었다.

"작은 꽃집을 여는 걸 반대하는 사람이 있다면 지금 손을 들어 주십시오."

누구 하나 손을 드는 아이가 없었다. 진우가 씩 웃으며 말을 계속했다.

"그럼 5월 7일에 작은 꽃집을 열겠습니다. 작은 꽃집에 오시면 싱싱하고 예쁜 카네이션을 살 수 있을 겁니다. 작은 꽃집은 5월 7일 하루만 열 것이며, 카네이션은 쉬는 시간과 모든 수업이 끝난 뒤 1시간 동안만 팔 것입니다. 이 점을 잊지 말아 주십시오. 참, 작은 꽃집은 전교생 모두 이용할 수 있으니까 주변에 소문 많이 내 주세요."

조회가 끝나자마자 우리는 교장실로 달려갔다. 이번에는 교장선생님께서 흔쾌히 허락해 주셨다.

"카네이션을 어디서 사야 할까?"

나는 아직 서울에 있는 시장에 대해서 잘 알지 못해 친구들에게 물었다.

"양재 꽃시장!"

아이들은 약속이나 한 듯 동시에 대답했다. 양재 꽃시장은 꽃을 묶음으로 파는데, 꽃값이 싸기로 유명한 곳이란다. 모두 양재 꽃시장에서 카네이션을 사 오자고 한 것도 그 때문이었다.

다음으로 카네이션 값을 정해야 하는데, 쉽게 결정이 나지 않았다. 규식이와 나는 꽃값이 1,000원이면 충분하다고 생각했는데, 진우와 구슬이는 1,000원을 받으면 이윤이 남지 않을 거라고 했다. 특히 구슬이는 부모님께 드릴 선물인데 포장을 꼭 해야 한다고 말했다. 리본이나 포장값을 생각하면 1,000원은 어림없다며 고개를 절레절레 흔들었다. 규식이랑 나는 꽃값이 1,000원을 넘으면 아이들이 비싸다고 안 살 거라며 목소리를 높였다. 규식이랑 나, 진우랑 구슬이는 카네이션 값을 두고 한참 실랑이를 벌였다. 그때 보람이가 조용히 입을 열었다.

"싸움은 이제 그만! 카네이션 값을 결정하기 전에 양재 꽃시장부터 가 보는 건 어떨까? 거기서 카네이션을 얼마에 파는지 알면 카네이션 값을 정하기 훨씬 쉬울 거야."

듣고 보니 맞는 말이다.

"맞아! 우리가 꽃을 사 올 수 있는 가격도 모르면서 얼마에 팔지 정한다는 건 의미가 없어. 일단 꽃시장부터 가 보자."

나는 보람이 말에 맞장구를 쳤다. 그래서 나랑 보람이가 대표로 양재 꽃시장에 다녀오기로 했다.

꽃시장에 들어서니, 여기도 꽃집 저기도 꽃집 온통 꽃집이었다. 어느 가게로 들어갈까 갈팡질팡하는데, 어떤 꽃집 아주머니께서 말을 거셨다.

"혹시 꽃 사러 왔니?"

"예. 카네이션을 사려고요. 혹시 카네이션 한 송이에 얼만지 알 수 있을까요?"

보람이가 웃으며 카네이션 값을 물어보았다.

"한 송이라, 우리는 한 송이씩은 안 파는데……. 주로 20송이를 한 다발로 묶어서 판단다. 어버이날 즈음이라 카네이션 값이 올라 한 다발에 만 원 정도 하지."

아주머니 말씀을 듣더니, 보람이가 얼른 머릿속으로 계산을 했다.

"와, 그럼 한 송이에 500원 정도 하는 거네요. 정말 싸다! 학교 앞 꽃집에서는 한 송이에 1,000원 정도 하는데. 아주머니, 꽃을 사면요, 포장도 해 주시나요? 한 송이씩 포장해 주시면 더 좋은데……."

아주머니께서는 포장은 따로 해 주지 않는다며 고개를 저으셨다.

아무리 둘러봐도

대신 꽃을 한 송이씩 포장할 수 있는 비닐을 파는 곳을 알려 주셨다. 포장 비닐은 100장이 한 묶음인데 3,000원이었다. 한 장에 30원꼴이었다.
　"카네이션은 한 송이에 500원, 포장 비닐은 한 장에 30원. 보람아, 카네이션 한 송이를 1,000원씩만 팔아도 470원이 이익이야. 우아, 100송이만 팔아도 4만 7천 원이나 벌 수 있어."

내가 신이 나서 콧노래를 부르며 말했다. 그러자 보람이가 고개를 살래살래 저으며 대꾸했다.

"아유, 우리 차비도 빼야지. 또 우리가 들인 시간이며 노력도 있으니까! 헤헤헤, 아무튼 이윤이 많이 남기는 하는구나."

예쁜 편지지는 덤입니다

　보람이가 양재 꽃시장을 다녀온 이야기를 해 주자, 모두 생각보다 꽃값이 싸다며 카네이션 값을 1,000원만 받기로 했다. 우리는 5월 7일 새벽에 카네이션 300송이를 사 오기로 의견을 모았다. 규식이는 전교생이 1,200명 정도니, 300송이 정도는 거뜬히 팔 수 있을 거라며 너스레를 떨었다. 보람이도 맞다고 맞장구치며 꽃집 아주머니께 전화로 주문을 했다.
　"으악!"
　그런데 보람이가 전화를 끊고는 갑자기 소리를 쳤다.
　"보람아, 왜 그래?"
　"무슨 일이야? 바퀴벌레라도 봤어?"
　보람이의 비명에 우리도 놀라서 눈이 동그레졌다.
　"아니, 바퀴벌레가 아니고. 그런데 카네이션 300송이를 어떻게 가져오지?"

"깜짝 놀랐잖아. 너 답지 않게 웬 호들갑이야. 생각해 보면 방법이 있겠지."

놀란 것이 약이 오른지 구슬이가 샐쭉한 목소리로 말했다. 그때 교실문이 드르륵 열리더니 담임선생님께서 들어오셨다. 우리가 늦게까지 집에 돌아가지 않자 걱정이 되어 들렀다고 말씀하셨다. 규식이가 마침 이때다 싶었는지 담임선생님께 사정을 이야기했다. 담임선생님께서는 우리 이야기를 듣고는 싱긋 웃으셨다.

"그 정도야 충분히 도와줄 수 있지. 꽃 배달은 나한테 맡기렴."

문제 해결! 기분 좋게 집으로 돌아가려 할 때 구슬이가 차분한 목소리로 말했다.
　"있잖아, 우리 카네이션 팔 때 편지지를 한 장씩 덤으로 주면 어떨까? 어차피 5월 7일 마지막 수업 시간에는 부모님께 편지를 쓸 테니까……."
　우리가 구슬이를 빤히 쳐다보자, 구슬이는 부끄러운 듯 얼굴을 붉히며 말끝을 흐렸다.
　"와! 정말 좋은 생각이다. 그날 카네이션이 날개 돋친 듯 팔리겠

는걸. 학교 앞 꽃집보다 싱싱하지, 덤으로 편지지까지! 하하하! 그리고 혹시 카네이션이 다 안 팔리면, 800원 정도만 받고 떨이로 팔자. 그래도 손해는 아니니까."

보람이가 구슬이를 살짝 껴안으며 말했다.

전교생을 상대로 하는 장사라 우리가 작은 꽃집을 여는 것을 미리 알리는 일도 중요했다. 학생들이 작은 꽃집이 열리는 것을 모른다면 아무리 학교 앞 꽃집보다 싱싱한 꽃에 편지지까지 끼워서 판다고 해도 꽃을 사러 오는 사람이 없을 테니까. 그래서 우리는 각 층의 게시판에 작은 꽃집에 대한 광고를 만들어 붙이기로 했다.

광고를 만드는 일은 보람이가 맡았다. 보람이는 무엇이든지 예쁘게 만들거나 그리는 일에 소질이 있다. 나는 그림이나 만들기를 할 때마다 끙끙대는데 보람이는 콧노래를 부르면서 즐겁게 한다. 보람이를 보면 직업을 고를 때는 적성과 취미에 맞는 일을 택해야 한다는 말이 딱 들어맞는다는 생각이 든다.

5월 7일 아침이 되었다. 우리는 아침 7시 30분부터 학교에 모여 각자 맡은 일을 시작했다. 보람이와 구슬이는 담임선생님께서 가져다 주신 카네이션을 한 송이씩 비닐 포장지 안에 넣느라 정신이 없었고, 진우, 나, 규식이는 교문 앞에서 등교하는 아이들을 향해 소리치기에 바빴다.

"주식회사 6학년 2반에서 작은 꽃집을 열었습니다. 싱싱하고 예쁜 카네이션을 1,000원에 팔아요. 예쁜 편지지는 덤으로 드리니까 서둘러 사 가세요."

1교시가 끝나자 카네이션을 사겠다는 아이들이 하나둘 몰려들었다. 한 송이, 두 송이, 세 송이⋯⋯. 카네이션은 5교시가 시작하기도 전에 거의 다 팔렸다.

"와! 저것밖에 안 남았어? 하나 둘 셋⋯⋯, 이제 겨우 아홉 송이 남았네?"

규식이가 남아 있는 카네이션을 세어 보며 싱글거렸다. 그 말을 듣는 순간 우리는 깜짝 놀라 부리나케 장사를 끝냈다. 자칫하면 우리가 집에 가져갈 카네이션마저 다 팔아 버릴 뻔했다. 하루 종일 무척 바쁘고 힘들었지만 작은 꽃집이 잘 되니 기분은 날아갈 것 같았다. 정말 우린 너무 천재적인 경영자들 같아!

톡톡! 경제 상식

기업이 벌이는 총알 없는 전쟁

기업은 자기 제품을 하나라도 더 팔기 위해서 아주 치열한 경쟁을 벌여요. 그래서 기업이 벌이는 경쟁을 총알 없는 전쟁이라고도 하죠. 기업들이 벌이는 경쟁의 종류를 알아보기로 해요.

★ 가격 경쟁

소비자들은 주위 사람들의 이야기나 가격 비교 사이트 등을 통해 가격을 비교해 보고 구매를 결정해요. 그래서 기업에서는 같은 물건이라면 가격 경쟁력을 갖추기 위해 조금이라도 싸게 팔아야 하지요. 대형 할인점은 다른 곳보다 물건을 싸게 파는 방법으로 손님을 끈답니다.

★ 품질 경쟁

품질이 좋으면 가격이 비싸도 잘 팔려요. 그래서 기업에서는 품질 경쟁력이 있는 제품을 개발하기 위해 밤낮없이 연구하지요. 한국 기업이 만든 텔레비전이 세계시장에서 인정받는 이유는 얇은 화면에 화질이 깨끗하고 디자인도 세련돼 품질 경쟁력이 있기 때문이에요.

★ 서비스 경쟁

처음 제품을 구매할 때는 가격이나 품질을 중요하게 생각하지만, 같은 종류의 제품을 다시 살 때는 서비스가 더 큰 영향을 끼쳐요. 이동 통신 회사가 가입 고객들에게 다양한 혜택을 누릴 수 있는 고객 카드를 만들어 주는 것도 서비스 경쟁에서 이기기 위한 하나의 방법이랍니다.

★ 광고 경쟁

아무리 좋은 제품을 만들어도 소비자에게 알려지지 않으면 팔리지 않아요. 그래서 기업은 소비자에게 새로운 제품에 대한 정보를 알리고, 이미 알려진 제품이라도 지속적으로 관심을 끌기 위해 광고를 해요.

6장

통장을 만들었어요

돈 불리기를 시작하다

"딩동!"

벨 소리가 울리자마자 예쁜 누나가 일어서서 "175번 손님." 하고 말했다.

"보람아, 우리 몇 번이야? 아직 멀었어?"

진우가 기다리다 지쳤는지 힘없는 목소리로 물었다.

"아니, 곧 있으면 우리 차례야. 178번이니까 조금만 더 기다리면 돼."

보람이가 번호표를 흔들며 대답했다. 무척이나 신이 난 얼굴이었다. 그동안 얼마나 불안했으면 저렇게 좋아할까? 보람이는 얼마 전부터 주식회사 6학년 2반에서 번 돈을 잃어버리면 어떡하냐며 야단이었다. 그저께는 걱정스런 얼굴로 담임선생님께 돈을 맡겨 두었다가 필요할 때마다 타다 썼으면 좋겠다는 말까지 했다. 하긴 보람이 혼자 관리하기에는 돈이 좀 많았다. 그래서 어제 주식회사

6학년 2반 직원들이 모여 돈을 어떻게 관리하면 좋을지 의논해 보았다.

"보람이 말처럼 담임선생님께 돈을 맡겨 두자. 그럼 잃어버릴 걱정도 없잖아?"

내 의견에 규식이가 고개를 저으며 말했다.

"우리 스스로 일을 해내야 하지 않을까? 자꾸 담임선생님께 도움받는 건……."

구슬이도 규식이 말에 맞장구치며 말했다.

"나도 규식이 말이 맞다고 생각해! 음, 차라리 돈을 나눠 맡으면 어떨까?"

"아유, 그럼 관리하기 더 힘들어. 누가 얼마 가지고 있는지까지 챙겨야잖아."

보람이가 얼굴을 찡그리며 대꾸했다. 그때 갑자기 진우가 소리치며 말했다.

"얘들아, 우리 이번 기회에 돈 불리기도 배워 볼 겸 통장을 만들면 어떨까?"

"돈 불리기? 그게 뭔데?"

규식이가 궁금해하며 물었다. 보람이는 진우를 쏘아보더니 이렇게 말했다.

"휴, 다들 돈을 어떻게 관리할까 고민하는데, 진우 넌 왜 갑자기

딴소리야?"

"보람아, 나도 지금 돈 관리하는 방법을 말하고 있는 거야. 음, 50만 원을 그냥 집에 놔두면 1년 뒤에도 그 돈은 50만 원이야. 하지만 은행에 저금해 두면 1년 뒤에는 이자가 붙어 50만 원보다 돈이 늘어날 거야. 같은 돈이라도 어떻게 관리하느냐에 따라 시간이 흐른 뒤에 돈의 액수가 달라지는 거지! 또 은행에 맡겨 두면 돈을 잃어버릴 걱정도 없고 말이야."

그러고는 이렇게 덧붙였다.

"그동안 우리는 문구점, 카네이션 팔기 같은 장사를 하며 자연스럽게 돈 벌기를 배웠어. 이제부터는 한 단계 나아가 돈 불리기를 배울 순서라고 생각해!"

초등학생은 통장을 만들 수 없다?

어제 일을 떠올리는 사이 "178번 손님." 하고 부르는 소리가 들렸다. 우리는 얼른 누나 앞으로 다가가 번호표를 내밀었다. 누나는 방긋 웃으며 물었다.

"꼬마 손님들, 무엇을 도와 드릴까요?"

"통장을 만들려고 하는데요."

보람이가 지갑에서 돈을 꺼내며 대답했다.

"통장이라……. 혹시 엄마는 같이 안 오셨니?"

누나가 주변을 둘러보며 말했다.

"네, 저희끼리 왔어요. 엄마나 선생님 도움 없이 스스로 통장을 만들어 보고 싶어서요."

누나는 진우 말을 듣더니 안타까워했다.

"이런, 어떡하지? 초등학생은 혼자서 통장을 만들 수 없어. 다음에 부모님이랑 같이 와서 만들렴. 참, 그때 부모님의 주민등록증과 도장, 너희와 부모님이 한 가족이라는 걸 확인할 수 있는 주민등록등본이나 가족관계증명서 같은 서류도 꼭 가져오고."

"누나! 통장 주인은 우리인데, 왜 부모님이랑 같이 와야 해요?"

내가 고개를 갸웃거리며 물었다.

"은행에서는 통장을 만들어 주기 전에 통장을 만드는 사람이 본인이 맞는지 꼭 확인을 하거든. 그때 필요한 것이 주민등록증이야. 그런데 우리나라에서는 만 열일곱 살이 넘는 사람한테만 주민등록증을 만들어 주기 때문에, 너희 같은 초등학생이 통장을 만들 때는 주민등록증 대신 부모님께서 너희가 본인이 맞다는 걸 확인해 주셔야 해.

또 통장을 만들 때 본인 확인을 해 두면 나중에 아무나 통장 주인이라며 억지를 부릴 수 없거든. 다른 사람이 통장 주인이라며 통장에 든 돈을 찾아가면 큰일이잖니? 이렇게 본인인지 확인한 뒤에야 금융거래를 할 수 있는 제도를 금융실명제라고 한단다. 우리나라에서는 1993년에 시작되었지."

"휴, 통장 만드는 게 쉬운 일이 아니구나. 그런데 왜 그렇게 불편한 제도를 만들었어요?"

내가 한숨을 내쉬며 물었다.

"까다롭긴 하지만 금융실명제는 세금을 안 내려는 못된 사람들을 찾아내려고 만든 좋은 제도란다. 우리나라는 부자들은 세금

을 많이 내고 가난한 사람들은 세금을 적게 내게 되어 있어. 금융실명제가 만들어지기 전에는 몇몇 욕심 많은 부자들이 세금을 적게 내려고 남의 이름을 빌려 통장을 만들거나 투자를 했단다. 그렇게 하면 겉으로 보기에는 금융소득이 적어 보이니까 세금을 적게 내거든.

하지만 금융실명제가 시작된 뒤부터는 남의 이름을 빌려 재산을 숨겨 둘 수 없어. 또 금융거래를 할 때 꼭 본인이 맞는지 확인을 하니까 옳지 못한 방법으로 돈을 주고받는 사람도 줄어들었고."

"아하! 그렇군요."

은행에서 일하는 누나는 통장을 만들기 위해 필요한 서류를 준비하는 방법에 대해서도 자세히 설명해 주었다.

"우리 여기까지 왔으니까 오늘 꼭 통장을 만들자."

진우도 나랑 같은 생각이라며 맞장구를 치더니 곧장 집에 전화를 걸었다.

"엄마! 저 통장 만들 건데요, 초등학생은 엄마랑 같이 와야 한대요. 아이참, 오늘 꼭 만들어야 한다니까요. 그러니까 엄마 주민등록증이랑 도장, 맞다! 주민등록등본도요. 주민등록등본이 없다고요? 인터넷에서 전자 민원으로 신청해서 프린터로 인쇄하면 된대요. 그것들 가지고 빨리 학교 앞 은행으로 와 주세요. 부탁드릴게요."

통장을 두 개나 만들다

 얼마 뒤에 진우 어머니께서 은행에 들어오셨다.
 "이 고집쟁이!" 진우 어머니는 진우를 보자마자 꿀밤을 한 대 때리셨다. 진우는 아프다고 엄살을 떨더니, 금세 어머니를 끌고 아까 그 누나한테 갔다. 우리는 킥킥 웃으며 진우 뒤를 따라갔다.
 "통장 만들어 주세요." 진우는 누나 앞에 서서 씩씩하게 말했다. 누나는 우리를 보더니 빙그레 웃으며 입을 열었다.
 "아까 그 손님들이네. 그래, 어떤 통장을 만들어 드릴까요?"
 "어떤 통장이라니요?" 진우가 어리둥절해하며 물었다.
 "음, 통장에는 여러 종류가 있거든. 한 번에 많은 돈을 저금할지, 달마다 조금씩이지만 일정한 돈을 저금할지, 또 언제쯤 돈을 찾을지 같은 상황을 말해 주면 누나가 알맞은 통장을 추천해 줄게."
 "아, 오늘 30만 원 정도를 저금할 건데요, 앞으로는 다달이 5만 원 정도씩 저금할 수 있을 것 같아요, 또 내년 2월에는 돈을 꼭 찾아야 해요."

진우 말이 끝나기가 무섭게 보람이가 끼어들었다.

"진우야, 학급 문구점에서 필요한 거 사려면 한 달에 한두 번은 돈을 찾아야 하는데……."

누나는 우리 말을 곰곰이 듣더니 이렇게 대답했다.

"그럼 20만 원은 정기적금 통장인 '내 마음대로 통장'에 넣고, 10만 원은 '보통예금 통장'에 넣는 게 어떻겠니? 정기적금은 달마다 5만 원이면 5만 원, 10만 원이면 10만 원, 일정한 돈을 저금하는 거야. 정기적금을 들면 보통예금보다 더 높은 이자를 받을 수 있어. 하지만 통장을 만들 때 돈을 찾겠다고 정해 둔 날짜보다 빨리 돈을 찾으면 약속된 이자를 모두 받을 수 없지."

"이자가 높다고요? 그럼 30만 원을 모두 적금 통장에 넣자."

내가 좀 더 많은 이자를 받고 싶은 마음에 이렇게 말했다.

"그런데 아까 하는 말을 들으니까 가끔씩 돈을 찾아야 한다며? 돈을 모두 적금 통장에 넣어 두면 필요할 때마다 찾기 힘들잖니? 그래서 10만 원은 보통예금 통장에 넣어 두라고 한 거란다. 보통예금은 이자가 무척 낮지만 자유롭게 돈을 넣고 뺄 수 있거든."

그러면서 누나는 큰돈을 한꺼번에 맡길 때는 정기예금 통장을 만들면 좋다는 말을 덧붙였다. 정기예금도 정기적금처럼 이자는 높지만 정해진 날짜가 지난 뒤에 돈을 찾아야 한다고 했다.

우리는 누나 말대로 30만 원을 정기적금 통장과 보통예금 통장에 나눠서 저금하기로 했다. 그때 보람이가 그동안 있었던 일을 낱낱이 말하며 통장 주인 이름을 '주식회사 6학년 2반'으로 해 줄 수 없는지 물어보았다. 누나는 고개를 저으며 대답했다.

"은행에서는 통장을 만드는 사람이 본인이 맞는지 확인하고 진짜 이름으로만 통장을 만들어 준다고 했지? 회사의 경우도 마찬가지야. 그 회사가 실제로 세무서에 사업자등록을 한 회사인지 확인이 되어야만 회사 이름으로 통장을 만들 수 있단다. 그러니까 '주식회사 6학년 2반'이 세무서에 등록해서 사업자등록을 한 회사라면 그렇게 할 수 있어. 하지만 실제 회사는 아니니까 안타깝지만 통장을 만든 사람 이름으로 할 수밖에 없단다."

그러더니 잠시 뒤에 이렇게 말했다.

"음, 지금 생각난 건데 '내 마음대로 통장'에는 통장 번호하고 통장 주인 이름이 적힌 속표지에 원하는 말을 적을 수 있단다."

"언니, 그럼 거기에 '주식회사 6학년 2반'이라고 적어 주세요."

보람이가 기다렸다는 듯이 말했다.

"예, 고객님. 그렇게 해드리겠습니다."

누나는 살포시 웃으며 우리에게 살짝 고개를 숙였다. 그러고는 보통예금 통장의 현금 카드를 만들 건지 물어보았다. 현금 카드가 있으면 통장에서 돈을 넣고 뺄 때 굳이 번호표를 뽑고 기다리지 않아도 된다고 했다. 현금 인출기를 자유롭게 이용할 수 있어서 은행 문이 닫힌 뒤에도 돈을 넣고 뺄 수 있다고 말해 주었다.

"와, 진짜 편리하겠다."

보람이는 손뼉을 치며 좋아라 했다. 그때 누나가 진우에게 통장 두 개와 현금 카드를 건네주며 이렇게 말했다.

"아차! 얘들아, 은행이 문 닫은 뒤에는 현금 카드로 돈을 찾을 때 수수료를 내야 해. 그러니 은행 영업시간에 일을 보는 게 좋을 거야. 그럼, 알뜰하게 사용하렴."

"통장은 내 이름으로 만들었지만 통장과 현금 카드는 보람이 네가 보관해야지."

진우가 통장과 현금 카드를 주자 보람이는 통장을 다시 한번 찬찬히 살펴보았다.

"음, '이 예금은 예금자보호법에 따라 예금보험공사가 보호합니다.' 진우야, 이건 무슨 뜻일까?"

"글쎄."

우리는 다시 누나에게 갔다.

"꼬마 손님들, 뭐 잘못된 게 있어요?"

"그게 아니라 통장에 적혀 있는 글의 뜻을 몰라서요."

누나는 활짝 웃으며 설명해 주었다.

"은행이나 증권회사, 상호저축은행과 같은 금융기관이 망해서

문을 달아도 맡긴 돈을 예금보험공사에서 대신 물어 준다는 뜻이야. 이런 것을 예금자보호제도라고 해."

"예? 은행이 망하기도 해요?"

규식이가 눈을 동그랗게 뜨며 물었다.

"거의 없지만 만일의 경우를 대비해서 만들어진 제도란다."

"그렇다면 은행에 돈을 맡기면 무조건 안전하네요?"

"꼭 그렇지는 않아. 예금보험공사는 한 금융기관 내에서 1인당 원금과 이자를 합해서 5천만 원까지만 대신 지급해 줘. 또 금융기관에 맡긴 돈이 모두 예금자보호법의 보호를 받는 것은 아니야. '이 금융 상품은 예금자보호법에 의해 보호되지 않습니다.'라는 글이 적힌 통장도 있어. 그래서 금융기관에 저축을 할 때는 이자율만 따지지 말고 금융 상품의 안정성도 살펴야 해."

누나의 말을 듣고 보람이는 얼른 다른 통장도 살펴보았다.

"하하, 보통예금과 정기적금은 모두 예금자보호법의 보호를 받으니까 걱정하지 않아도 돼."

은행을 나오면서 통장을 살짝 넘겨 보았다. 내 마음대로 통장에 20만 원, 보통예금 통장에 10만 원이라는 숫자가 찍혀 있었다. 아! 내년 2월까지 이 돈을 잘 불려야 할 텐데……. 오늘부터는 저금 말고 돈을 불릴 수 있는 방법이 또 없는지 샅샅이 찾아봐야겠다!

톡톡! 경제 상식

내게 알맞은 통장은 무엇일까?

돈이 불어나는 재미를 느끼고 이자도 받으려면 은행에 예금하는 것이 좋아요. 그런데 예금의 종류는 다양하니까 통장을 만들기 전에 현재 내가 가지고 있는 돈은 얼마인지, 앞으로 저축할 돈은 어떻게 마련할지 먼저 생각해 본 후, 내게 알맞은 통장을 선택해야 합니다.

★ 입출금이 자유로운 보통예금

용돈을 맡기고, 필요할 때마다 찾아 쓰고 싶다면 입출금이 자유로운 보통예금 통장에 예금을 해요. 입출금이 자유로운 보통예금은 돈을 맡기고 찾기가 간편해서 수시로 찾아야하는 돈을 맡기는 데 적당해요. 하지만 금융기관의 입장에서 보면 손님이 언제 돈을 찾으러 올지 모르니까 마음 놓고 돈을 활용할 수 없어요. 그래서 이자율이 아주 낮거나 예금 잔액이 적을 때는 이자를 아예 주지 않아요.

★ 목돈 마련을 위한 정기적금

매월 일정한 금액을 저축하여 목돈을 마련할 계획이라면 정기적금을 드는 것이 좋아요. 그렇지만 매월 정해진 날에 은행에 가는 것이 힘들 경우가 있지요? 입출금이 자유로운 보통예금 통장에서 정기적금 통장으로 돈을 옮겨달라는 요청을 미리 해 두면 매월 은행에 가지 않아도 됩니다.

★ 목돈을 늘리는 정기예금

목돈을 마련했는데 당장 돈을 쓸 계획은 없다면 정기예금을 해요. 정기예금은 정해진 기간 동안 돈을 찾을 수 없는 대신에 이자율이 높아서 돈이 늘어나는 재미를 느낄 수 있어요. 물론 아주 급하게 돈이 필요한 경우 이자를 포기하면 원금을 찾을 수 있어요.

돼지저금통을 뜯었는데 당장 쓸 필요가 없다면 정기예금 통장을 만들어야 해요. 지금은 돈이 없지만 이제부터 한 달에 만 원씩 꼬박꼬박 저축을 하겠다고 생각하면 정기적금 통장을 만들어야겠지요? 한 사람이 꼭 통장 한 개만 만들어야 한다는 법은 없으니까 정기적으로 저축할 돈은 정기적금 통장에 예금하고, 나머지는 보통예금 통장에 예금해도 좋아요.

7장

회사 사정을 한눈에 알 수 있어요

장부 적는 일이 점점 복잡해져요

"이런 큰일 났네. 진구가 서로 다른 색깔의 펜을 여섯 개나 주문했는데 네게 전하는 걸 깜박했어."

크고 작은 규식이의 실수는 때로는 우리를 웃게 하고 때로는 우리를 난처하게 만들었다. 규식이가 실수를 할 때마다 가장 머리가 아픈 사람은 보람이다.

"규식아, 제발 나 좀 살려 줘. 돈을 많이 가지고 다니면 위험해서 꼭 필요한 돈만 가지고 나왔는데 갑자기 사야 할 물건이 늘어나면 나더러 어쩌라는 거야?"

보람이가 짜증을 내자 규식이는 머리만 긁적이며 아무 말도 못 했다. 우리들이 말하는 것을 듣고 있던 학용품 도매점 사장님께서 펜을 외상으로 주기로 하셔서 보람이의 투덜거림은 간신히 끝났다. 진구가 주문한 펜을 보더니 보람이는 다른 친구들도 좋아할 것 같다며 더 가져다 놓자고 했다. 그래서 아홉 개를 더 보태 열다섯 개를 샀다.

월요일에 장부를 적던 보람이는 또 한 번 투덜거렸다.

"어휴, 자꾸 일이 복잡해지니까 너무 머리가 아프다."

보람이는 들어오고 나가는 돈과 문구점에 있는 물건을 정리해 두는 장부까지 두 개의 장부를 가지고 있었다. 거기다 예금통장을 두 개나 만들어 이것도 따로 관리해야 하고, 지난 토요일에 학용품 도매점에 진 외상도 정리해야 하니 골치가 아픈 모양이었다.

"선생님, 실제로 돈을 얼마나 벌었는지 따져 보기가 점점 어려워요. 전에는 가지고 있는 돈과 남아 있는 물건 가격을 더해서 자본금을 빼면 우리가 번 돈을 계산할 수 있었어요. 그런데 예금도 하고 외상도 생기니까 도무지 어찌해야 할지 모르겠어요. 머리가 아파요."

보람이는 선생님께 울상을 지으며 하소연했다.

"정말 그렇겠구나."

"선생님, 큰 회사들은 일이 훨씬 더 복잡할 텐데 도대체 장부 정리를 어떻게 할까요?"

"회사들도 보람이처럼 여러 가지 장부를 가지고 있단다. 그리고 이런 장부들을 합쳐서 정리한 재무상태표와 손익계산서라는 표를 만들지. 이 두 가지 표를 보면 현재 돈을 얼마나 가지고 있는지, 벌어들인 돈은 얼마이고 사용한 돈은 얼마인지, 그래서 실제 이익은 얼마인지 금방 알 수 있단다."

보람이는 회사 사정을 한눈에 볼 수 있는 표를 만들 수 있다는 것이 몹시 신기한 모양이었다.

"우아, 그런 표가 있어요? 선생님, 우리도 그런 표를 만들게 표 만드는 법 좀 자세히 알려 주세요."

선생님은 좀 난처한 표정을 지으셨다.

"그게 말로 설명하기는 좀 어려워. 선생님도 예전에 배운 거라

기억이 가물가물하고. 하지만 주식회사 6학년 2반의 장부는 진짜 회사에 비하면 너무 간단하니까 선생님이 집에 가서 먼저 공부한 뒤에 보람이에게 따로 가르쳐 줄게."

회사 사정을 금방 알아보려면?

"진우야, 준영아, 이것 좀 봐. 구슬이와 규식이도."

며칠 전부터 선생님과 함께 장부를 모두 펼쳐 놓고 무엇인지 열심히 배우면서 고개를 끄덕이던 보람이가 오늘 아침 교실에 들어서자마자 상기된 얼굴로 종이 한 장을 내밀었다.

6학년 2반 재무상태표(2019년 6월 5일)

자산		부채	
학급문구점 물건	75,000	외상	12,000
내 마음대로 적금	200,000		
보통예금	100,000	자본	
현금	34,000	자본금	210,000
		순이익	187,000
합계	409,000	합계	409,000

6학년 2반 손익계산서(2019년 3월 13일~6월 5일)

비용(쓴 돈)		수익(벌어들인 돈)	
차비	23,400	학용품 판매	420,000
A4용지, 도화지	2,100	카네이션 판매	300,000
진열장 재료비	3,500		
학용품	342,000		
카네이션	150,000		
포장지, 편지지	12,000		
순이익	187,000		
합계	720,000	합계	720,000

"어제 내가 선생님과 함께 표를 만들어 봤어. 이것 봐. 우리가 지금까지 실제로 번 돈이 18만 7천 원이야. 지금까지 거의 자본금만큼 돈을 벌었어. 굉장하지?"

우리는 모두 보람이가 만든 표를 쳐다보았다. 보람이는 두 가지 표에 대해서 간단하게 설명해 주었다.

"그동안 나는 장부를 정리할 때 용돈 기입장처럼 언제 왜 돈이 들어오고 나갔는지만 적었어. 그런 방법으로 장부를 정리하면 우리가 돈을 얼마나 벌었는지 한눈에 알 수 없어. 그런데 이런 표를 만들고 나니까 우리 회사 사정을 한눈에 알 수 있는 거야."

구슬이는 신기한지 보람이가 만든 표를 주의 깊게 쳐다보며 물었다.

"위에 있는 것은 재무상태표, 아래에 있는 것은 손익계산서라고 적혀 있네?"

"응, 표 이름이 좀 어렵지? 재무상태표를 보면 회사가 돈을 어떻게 마련하고 운용하는지 알 수 있어. 이 표를 보면 우리가 현재 가지고 있는 돈과 물건은 40만 9천 원이고 외상은 1만 2천 원 그리고 번 돈은 18만 7천 원이라는 것을 금방 알 수 있어.

손익계산서는 우리가 회사를 경영하기 위해 쓴 돈과 들어온 돈을 한눈에 볼 수 있는 표야. 또 손익계산서를 보면 그동안 사업을 해서 이익이 났는지 손해가 났는지도 금방 알 수 있어."

놀라면 오히려 말이 없어지는 규식이는 입을 꾹 다물고 있다가 한마디 던졌다.

"야, 보람이 정말 대단하다. 진짜 회사에 가서 일해도 되겠다. 그렇지?"

보람이는 이런 표를 스스로 만들 수 있게 된 자신이 자랑스러운지 어깨를 으쓱했다.

"회사가 가진 재산이나 빚, 자본금, 이익을 보여 주는 이런 표를 보면 그 회사가 튼튼한지 아닌지 알 수 있대. 이 표를 우리 회사 주주들에게 나누어 줄 거야. 우리가 얼마나 회사를 잘 운영하고 있는지 보여 주는 제일 확실한 방법이잖아."

"나중에 내가 CEO가 되면 보람이를 꼭 우리 회사에서 일하게 할 거야."

 진우는 자기도 모르는 일을 해낸 보람이가 너무 대견스러운 모양이다. 똘똘한 사장에 야무진 회계, 그렇다면 나 한준영은 성실한 부사장이 되어야지.

돈을 많이 벌었어요

"어머나, 이게 뭐야?"

"재무상태표와 손익계산서? 이런 표는 처음 보는데."

보람이가 임시 주주총회가 시작되기 전에 표를 나누어 주자 모두 한마디씩 하느라고 교실 안이 시끌벅적했다.

6학년 2반 재무상태표(2019년 7월 15일)

자산		부채	
학급문구점 물건	33,000		
내 마음대로 적금	300,000		
보통예금	100,000	자본	
현금	36,000		
		자본금	210,000
		순이익	259,000
합계	469,000	합계	469,000

6학년 2반 손익계산서(2019년 3월 13일~7월 15일)

비용(쓴 돈)		수익(벌어들인 돈)	
차비	35,100	학용품 판매	687,700
A4용지, 도화지	2,100	카네이션 판매	300,000
진열장 재료비	3,500		
학용품	526,000		
카네이션	150,000		
포장지, 편지지	12,000		
순이익	259,000		
합계	987,700	합계	987,700

그렇다면 지금부터는 나 한준영이 실력을 발휘할 시간이다. 주주총회 사회자로 결정되고 나서 며칠간 몰래 거울을 보면서 연습한 실력을 유감없이 보여 줘야지.

"여러분, 지금부터 주식회사 6학년 2반의 임시 주주총회를 시작하겠습니다. 주위가 약간 소란스러운데 잠시만 조용히 해 주시면 감사하겠습니다."

말은 그렇게 하면서도 내심 친구들이 계속 떠들면 어떻게 하나 걱정했는데 다행히 교실 안은 금방 조용해졌다.

"여러분에게 나눠 준 표는 회계 최보람이 만든 주식회사 6학년 2반의 사업 성적표입니다. 먼저 회계로부터 이 표에 대한 설명을 듣기로 하겠습니다."

보람이가 약간 상기된 얼굴로 교실 앞으로 걸어 나왔다.

"우리가 말로만 이익을 많이 내고 있다고 하는 것보다 숫자로 확실하게 보여 주고 싶어서 좀 어려운 이름을 가진 두 가지 표를 준비했습니다. 우선 두 표에 대한 설명을 드리겠습니다.

재무상태표는 회사가 돈을 어떻게 마련하고 운용하는지 보여 주는 표입니다. 이 표를 보면 7월 15일 현재 우리 회사가 가지고 있는 학용품과 돈이 얼마인지 금방 알 수 있지요? 외상처럼 빚을 진 것은 전혀 없어요.

손익계산서는 돈이 들어오고 나간 것을 모두 정리한 표입니다. 재무상태표의 오른쪽에 있는 순이익과 손익계산서의 왼쪽에 표시된 순이익은 언제나 같아야 해요. 그러니까 지금까지 우리가 번 돈은 25만 9천 원입니다."

보람이가 설명을 마치자 친구들이 함성을 질렀다.

"와, 정말 장사 잘했다."

"주식회사 6학년 2반, 정말 짱이야."

"이런 표를 만들 줄 아는 보람이도 끝내줘요!"

흥분한 친구들은 저마다 한마디씩 하며 야단법석을 떨었다. 다시 시끄러워진 친구들을 조용하게 만들려면 어떻게 해야 할지 몰라 쩔쩔 매고 있는데 다행히 지혜가 질문을 했다.

"질문 있어요. 다른 회사들도 이런 표를 만드나요?"

친구들은 보람이의 대답을 듣기 위해 금세 조용해졌다.

"큰 회사들은 모두 만들어요. 선생님, 그렇죠?"

보람이는 선생님께 도와달라는 표시를 했다.

"보람이 말이 맞아. 회사가 튼튼한지 돈은 잘 벌고 있는지 알아보려면 그 회사의 재무상태표와 손익계산서를 보면 된단다. 이런 표에서 순이익이 많으면 회사가 돈을 잘 벌고 있는 거고, 반대로 순손실이 났다면 손해 보는 사업을 하고 있는 거지. 계속 손해 보면서 사업을 하면 실제로 투자한 돈보다 순손실이 더 커지는 수도 있어. 그렇게 되면 회사는 더 이상 버티지 못하고 문을 닫는 경우가 많아. 회사가 문을 닫으면 그 회사에 투자한 사람들은 투자한 돈을 건질 수 없게 되지. 그러니까 너희들이 커서 혹시 주식 투자 같은 것을 하게 되면 적어도 투자하는 회사의 재무상태표나 손익계산서 정도는 검토해 봐야 해. 회사 사정도 잘 모른 채 소문만 듣고 무조건 주식을 사는 것은 아주 위험한 일이거든."

휴, 다시 조용해졌네. 이제 진우에게 마무리를 짓고 인사를 하게 해야지.

"다음에는 꿈에서까지 일할 정도로 주식회사 6학년 2반을 열심히 이끌어 가고 있는 김진우 사장이 여러분에게 인사를 하겠습니다."

진우는 성큼성큼 걸어 나오며 손으로 V자를 그려 보였다. 친구들은 "우우" 소리를 내며 장단을 맞추어 주었다.

"한 학기 동안 여러분이 협조해 주어서 정말 즐겁게 회사 일을 할 수 있었어요. 2학기에도 변함없이 도와주세요. 2학기 첫 학급 회의 시간에 오늘과 같은 임시 주주총회를 한 번 더 가질 예정입니다. 2학기에는 문구점 운영 외에 두 가지 정도의 사업을 더 할 생각입니다. 방학 동안 주식회사 6학년 2반에서 했으면 좋겠다고 생각하는 사업이 있다면 다음 회의 때 발표해 주면 감사하겠습니다."

휴, 숨 가쁘게 달려온 주식회사 6학년 2반도 이제 짧은 휴식을 갖는다.

수고했다, 애들아!

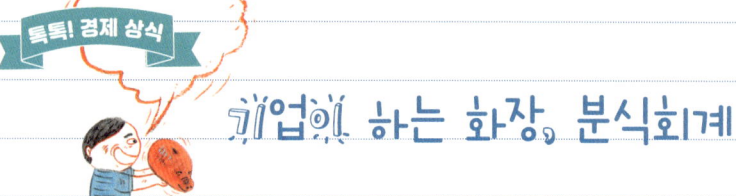

톡톡! 경제 상식
기업이 하는 화장, 분식회계

알뜰한 어린이들은 용돈 기입장에 용돈을 언제 어디에 얼마나 썼는지 적어 놓아요. 주부들은 소득과 모든 지출을 적는 가계부를 쓰고요. 용돈 기입장이나 가계부는 예산에 맞춰 돈을 쓰고 불필요한 소비를 줄이는 데 도움을 줍니다. 하지만 누구나 강제로 써야 되는 것은 아닙니다.

그러나 회사는 달라요. 회사에서 돈이 들어오고 나가는 것은 반드시 장부에 적어야만 해요. 이렇게 회사에서 돈이 들어오고 나가는 것을 장부에 적는 것을 회계라고 하지요. 회사는 돈이 들어오고 나가는 것을 모두 적은 후 회사의 사정을 알려 주는 표를 만드는데, 이런 표들을 통틀어 재무제표라고 불러요. 재무제표 중에서 가장 대표적인 두 가지가 재무상태표와 손익계산서랍니다.

재무상태표를 보면 회사가 돈을 어떻게 마련하고 운용하는지 알 수 있고, 손익계산서를 보면 회사가 벌어들인 돈과 쓴 돈 그리고 이익이 났는지 손해를 보았는지 알 수 있어요. 그런데 신문이나 텔레비전 뉴스에

서 기업들이 재무상태표나 손익계산서를 엉터리로 작성하여 문제가 되었다는 말을 가끔 해요. 이런 것을 분식회계(粉飾會計)라고 해요. '분식'이란 예쁘게 보이려고 분가루를 뿌리는 것이니까 '분식회계'란 회사가 하는 화장, 즉 일부러 기업이 가진 재산이나 이익을 부풀려 포장하는 것을 말한답니다.

   기업들이 이렇게 화장을 하는 이유는 필요한 돈을 쉽게 끌어들이기 위해서인 경우가 많아요. 금융기관이나 주주들은 돈을 빌려 주거나 투자를 할 때 회사의 경영 성과를 보고 판단합니다. 이런 판단을 할 때 가장 중요하게 사용되는 것이 회계 장부인데, 이익을 부풀리거나 비용을 적게 적어 놓으면 실제보다 좋은 기업인 것처럼 보이게 되지요. 하지만 분식회계는 금융기관이나 투자자, 주주들을 속이는 일이므로 법으로 금하고 있어요.

8장

주식 가격이 오르락내리락

윤재가 전학을 가다

"이제 이틀만 더 있으면 여름방학이야. 으하하하! 생각만 해도 신나."

규식이가 여름방학 이야기를 꺼내자마자, 교실은 금세 시끌벅적해졌다. 여름방학 때 수영을 꼭 배울 거라는 보람이, 누나랑 시골 외갓집에 갈 거라는 진우, 그동안 못 본 만화책을 실컷 볼 거라는 수진이……. 아이들은 저마다 여름방학 때 뭘 하며 지낼지 이야기꽃을 피웠다. 그때 윤재가 조용히 진우 곁으로 다가오더니 걱정스런 목소리로 말했다.

"진우야, 혹시 주식을 되팔 수 있을까?"

"뭐라고? 아니, 왜?"

깜짝 놀랐는지 진우의 눈이 휘둥그레졌다.

"음, 사실은 다음 주에 우리 가족이 대구로 이사가거든. 2학기부터 대구에 있는 초등학교를 다녀야 해. 그래서 내가 산 주식 10주를 되팔았으면 해."

 진우는 이런 일이 일어날 거라고는 미리 생각하지 못했는지 금세 대답을 못했다. 보람이는 우물쭈물하는 진우를 보더니 이렇게 말했다.

 "윤재야, 점심시간에 주식회사 6학년 2반 직원들하고 의논을 좀 해 볼게. 오늘 집에 가기 전에 결과를 알려 줄 테니까 조금만 기다려 줄래?"

 윤재는 고개를 끄덕이며 제자리로 돌아갔다.

 점심을 서둘러 먹고 나서 진우, 나, 보람이, 규식이, 구슬이는 교실 뒤쪽 문구점 앞으로 모였다. 내가 가장 먼저 입을 열었다.

 "윤재한테 좀 미안하지만 내년 2월까지 기다려 달라고 말하면 안 될까? 어차피 그때 우리가 번 돈을 주식 산 아이들한테 나눠 주기로 했으니까."

 "그래, 그때 통장으로 윤재 돈을 부쳐 주자."

 구슬이가 좋은 생각이라며 맞장구를 쳤다.

 "그때 가서 윤재를 깜박하면? 또 내년 2월이면 앞으로 일곱 달이나 남았는데, 기다리다가 윤재 목 빠지겠다. 차라리 지금 회사 돈으로 주식을 되사는 건 어때?"

 규식이가 자기 목을 쭉 빼는 시늉을 하며 말했다. 듣고 보니 규식이 말이 맞는 듯했다. 그래서 진우도 규식이 편을 들어주었다.

그때 보람이가 고개를 저으며 말했다.

"그럼 윤재가 억울하지 않을까?"

"왜? 주식값을 고스란히 돌려주는데 뭐가 억울하다는 거야?"

내가 보람이의 말을 이해할 수 없어 이렇게 물었다.

"우리는 한 학기 동안 문구점을 운영하거나 카네이션 팔아서 돈을 꽤 모았잖아. 앞으로도 지금처럼만 회사를 꾸려 가면, 내년 2월에 큰돈을 나눠 줄 수 있을 거야. 그때 윤재가 주식을 가지고 있으면 배당금을 많이 받을 수 있을 텐데……. 지금 전학 간다고 본전만 받아야 한다니. 휴, 내가 윤재라면 엄청 속상할 거야."

보람이의 말이 끝나기가 무섭게 구슬이가 얼굴을 찌푸리며 말했다.

"보람아, 앞일은 아무도 알 수 없어. 지금은 회사가 잘돼서 그렇지, 우리가 날마다 성공할 수 있을까? 어쩌다 실수를 해서 돈을 다 날리고 회사가 망할 수도 있잖아. 그럼 윤재는 배당금은커녕 처음에 주식을 산 본전까지 되찾을 수 없을걸. 주식이란 회사가 잘 나가면 값이 올라가지만 회사가 어려워지면 값이 떨어지는 거니까. 또 회사가 망하면 본전조차 받을 수 없고 말이야. 그렇게 따지면 지금 윤재가 본전이라도 받는 게 다행 아닐까?"

우리는 모두 입을 꾹 다물었다. 따지고 보면 누구 말이든 다 맞는 말 같았다. 결정을 내리지 못해 깊은 생각에 빠져 있는데, 수진이가 말했다.

"오늘은 장사 안 하니? 동생에게 줄 색연필을 사야 하는데."

"어머나!"

구슬이가 미안한 마음에 색연필을 꺼내며 변명을 했다.

"수진아, 미안해. 윤재가 전학을 가는데 주식 값을 어떻게 돌려주어야 좋을지 생각하느라 네가 온 줄 몰랐어."

색연필을 팔고 나서 다시 이야기를 시작했지만, 서로 자기주장을 내세우다 보니 목소리만 점점 커졌다. 그때 등 뒤에서 이런 소리가 들려왔다.

"얘들아, 내가 윤재한테 직접 주식을 사면 안 될까?"

주식 주인이 바뀌었어요

 우리는 모두 깜짝 놀라 뒤를 돌아보았다. 그랬더니 수진이가 빙그레 웃고 있는 게 아닌가?
 "수진아, 지금 네가 한 말이야?"
 보람이가 묻자, 수진이는 고개를 끄덕이며 이렇게 대꾸했다.
 "응. 내가 윤재한테 주식을 사면 보람이 네가 주식 수첩에 적힌 내용을 고쳐 주면 되잖아."
 "홍윤재가 가진 주식번호의 주인을 박수진으로 고쳐 달라는 거지?"
 "맞아!"
 "그런데 수진아, 넌 왜 윤재 주식을 사려는 거야? 너랑 윤재랑 주식을 사고판다면, 우리는 더 이상 고민할 필요가 없어서 좋긴 한데……."
 내가 수진이를 쳐다보며 물었다. 수진이는 뭐라고 대답하려다 말고 갑자기 교실 앞쪽으로 달려갔다. 수진이는 막 교실로 들어오려는 윤재를 붙잡고 무슨 말인지 주고받았다.

"수진아, 고마워! 진짜 고마워."

윤재는 크게 소리치면서 수진이의 손을 잡고 흔들며 좋아라 했다. 수진이는 윤재한테 몇 마디 더 건넨 뒤 우리한테 돌아왔다. 그러고는 보람이를 보며 이렇게 말했다.

"윤재가 내일 주식을 팔기로 했어. 그러니까 보람이 너, 내일 꼭 주식 수첩에 적힌 내용을 바꿔 줘야 해!"

보람이가 고개를 끄덕이는 사이, 내가 다시 말을 꺼냈다.

"수진아, 윤재 주식을 왜 사려는지 말 안 해 줄 거야?"

"아! 그건 말이야, 너희가 주식회사 6학년 2반을 잘 꾸려 나갈 거라 믿기 때문이야. 너희가 돈을 많이 벌수록 배당금은 커지겠지? 그래서 배당금을 많이 받고 싶은 마음에 윤재 주식을 더 산 거야."

주식을 사고파는 일을 한 번도 생각해 보지않은 우리들은 활짝 웃는 수진이 얼굴만 멀뚱멀뚱 바라보았다.

춤추는 주식 가격

"수진아, 근데 너 윤재 주식을 얼마에 사기로 했어?"

규식이가 갑자기 끼어들었다.

"그건 왜?"

수진이가 묻자, 규식이는 슬그머니 윤재를 가리켰다. 윤재가 싱글벙글하며 너무 좋아하는 것이 이상했던 모양이다.

"600원에 살 거야."

수진이는 싱긋 웃으며 대답했다.

"500원짜리 주식을 600원에 사다니, 수진이 너 바보지? 안 그러면 뭣 때문에 100원이나 손해를 보겠어?"

규식이가 놀려 대자 수진이는 규식이를 살짝 째려보더니 대꾸했다.

"내가 바보라고? 으음, 나중에 돈을 돌려받을 때는 나를 천재라고 부러워할걸. 주식회사 6학년 2반이 지금처럼만 잘 굴러간다면,

난 내년 2월에는 내가 들인 돈의 두 배는 거뜬히 받을 수 있을 거라 생각해! 에헴, 그러니까 내가 윤재한테 100원을 더 주고 주식을 산 건 손해가 아니라 투자라고, 투자!"

"그래? 그럼 내 주식도 600원에 살래? 사실은 이번 달 용돈을 다 써 버려서, 나 지금 빈털터리거든."

규식이가 수진이 손을 꼭 잡으며 말했다. 그때 수진이 옆에 있던 지혜가 규식이 어깨를 톡톡 치며 말했다.

"음, 수진이 말을 듣고 보니 나도 주식이 더 갖고 싶어졌어. 규식아, 네 주식 내가 살게."

"정말? 나야 누구든 돈만 주면 상관없지! 지혜야, 너도 내 주식 600원에 사 줄 거야?"

지혜가 고개를 끄덕이려는 순간, 진수가 끼어들었다. 진수는 주식을 650원에 사겠다고 했다. 규식이는 입이 귀까지 걸렸다. 그러더니 먼저 주식을 사겠다던 지혜를 뒤로 한 채 진수한테 주식을 팔겠다고 했다. 그때였다. 진수 뒤에 서 있던 영민이가 뭔가 곰곰이 생각하더니 주식을 700원에 사겠다고 나섰다. 갑자기 500원짜리 주식이 700원으로 껑충 뛰어올랐다. 그러자 너도나도 영민이한테 주식을 팔겠다며 야단이었다. 규식이는 울상을 짓더니 이렇게 말했다.

"영민아, 난 670원에 팔게! 그러니까 꼭 내 주식부터 사 줘!"

규식이 말이 끝나기가 무섭게 주희가 주식을 650원에 팔겠다고 했다. 주식을 사고팔려는 아이들로 교실이 들썩거렸다.

"그만!"

보람이가 기겁을 하며 소리쳤다.

"너희끼리 주식을 사고파는 건 좋아. 그런데 그 뒤에는 어떡할 거야? 날마다 나한테 주식 수첩에 적힌 내용을 고쳐 달라고 할 거지? 오늘은 이랬다가 내일은 저랬다가. 휴, 생각만 해도 머리 아프다! 그렇게 주식을 자주 사고팔다가는 주식 수첩이 엉망이 되고 말 거야."

진우도 한마디 거들었다.

"맞아, 주식을 멋대로 사고팔다가 나중에 돈을 돌려줄 때, 누가 주식을 얼마나 가지고 있는지 헷갈리면 큰일이잖아. 돈을 잘못 나눠 주는 일이 일어나면 어떡해? 그러니까 얘들아, 윤재처럼 전학 가는 특별한 일이 아니면 주식을 사고팔지 말자."

아이들은 모두 고개를 끄덕였다. 나중에 돈을 돌려받을 때 혹시라도 손해를 입을까 걱정이 되는 모양이었다. 그때 규식이가 어깨를 축 늘어뜨리며 말했다.

"그럼 내 주식은 못 파는 거야? 뭐야, 좋다 말았잖아. 그나저나 큰일이네. 다음 달 용돈 받을 때까지 어떻게 살지? 손가락만 쪽쪽 빨아야 하는 거야?"

보람이가 톡 쏘는 목소리로 대꾸했다.

"네가 언제 손가락을 빨았다고 그래? 늘 우리한테 빈대 붙었으면서."

교실은 한바탕 웃음바다가 되었다.

톡톡! 경제 상식

주식 가격이 왜 달라지나요?

　신문을 펼쳐서 주식 시세가 나타나 있는 면을 보면 주식시장에서 거래되는 주식의 종류와 가격, 거래량을 볼 수 있어요. 전날에 비해 주가가 어떻게 변했는지도 알 수 있지요. 주가는 기업 가치와 영업 전망에 따라 수시로 변해요. 회사가 만든 물건이 잘 팔리면 기업 가치가 올라가기 때문에 주가도 올라가고, 물건 판매가 신통치 않으면 내려가요. 회사 사정이 당장은 좋지 않지만 앞으로 이익을 많이 낼 수 있다고 예상할 때도 주가가 오릅니다. 주식도 물건처럼 사려는 사람이 많으면 값이 오르고, 팔려는 사람이 많으면 값이 떨어져요. 또 우리나라나 세계의 경제 사정에 따라 주가가 달라지기도 하지요. 보통 경기가 좋을 때는 주가가 올라가고 경기가 나쁠 때는 떨어진답니다.

　주가는 이처럼 수시로 변하기 때문에 주식을 사기 전에 어떤 회사의 주식을 살지 잘 골라야 합니다. 좋은 기업의 주식을 남보다 먼저 사면 큰돈을 벌 수 있지만 잘못 고르면 손해를 볼 수도 있으니까요.

어린이들도 주식을 사고팔 수 있어요. 예금통장을 만들 때와 마찬가지로 부모님과 함께 증권회사로 가면 실명을 확인한 후에 주식을 사고팔 수 있는 계좌를 만들어 주지요.

주식시장에서 주식은 1주 단위로 사고팔려요. 주식 종류가 너무 많아서 어떤 주식이 계속 오를지 도무지 모르겠다고요? 그래서 주식으로 돈을 벌려면 경제 공부를 많이 해야 해요. 우선 주식을 사기 전에 마음에 드는 회사를 다섯 개만 정해서 주식 가격이 어떻게 오르고 내리는지, 이유는 무엇인지 계속 살펴보아요. 회사에 대한 신문 기사가 나면 읽어 보고 뉴스도 검색해 보고요. 이렇게 공부하다 보면 좋은 주식을 가려낼 수 있는 눈이 생겨요. 주식에 투자를 해 세계적인 부자가 된 워런 버핏은 여덟 살에 주식 공부를 했고 열한 살부터 주식에 투자를 했답니다.

또 한 가지, 주식 투자를 하기 전에 새겨들어야 할 말이 있어요. 급하게 써야 될 돈으로 주식에 투자했다가 주가가 떨어져서 돈을 잃게 되면 큰일 나겠지요? 주식 투자는 반드시 여윳돈으로 해야 한다는 점을 잊지 말아요.

9장

펀드, 네 정체는 뭐냐?

은행 앞에서 보람이를 만나다

"어, 보람이다!"

양평에서 서울 나들이를 온 친구를 고속버스 터미널에 데려다주고 돌아오는 길이었다. 버스에서 내리는데 은행에서 나오는 보람이를 보았다. 방학하고 처음 보는 거라 더욱 반가웠다. 그런데 가만, 보람이가 뭣 때문에 은행에 들른 걸까? 혹시 주식회사 6학년 2반 일 때문인가? 아니야, 주식회사 6학년 2반은 방학 때 사업을 하지 않잖아. 그럼 은행에 돈을 넣거나 뺄 필요가 없는데……. 궁금한 마음에 얼른 보람이 뒤를 쫓아갔다. 보람이는 내가 따라오는 것도 모른 채 터벅터벅 걸어가고 있었다. 뒤에서 큰 소리로 보람이를 불렀다. 보람이는 깜짝 놀란 얼굴로 뒤를 돌아보았다.

"뭐야? 준영이 너였어?"

"하하하! 진짜 오랜만이다. 그동안 잘 지냈어?"

"응, 너도 잘 지냈지?"

"그럼. 그런데 은행엔 웬일이야? 엄마 심부름이라도 온 거야?"

"아, 펀드에 돈을 넣으려고."

"펀드?"

나는 '펀드'란 말에 눈이 휘둥그레졌다. 안 그래도 텔레비전이나 신문에서 펀드라는 말이 자주 나와서 도대체 펀드가 뭘까 궁금하던 참이었다.

"보람아, 펀드가 뭐야? 통장에 저금하는 거랑 비슷한 거야? 넌 펀드를 하니까 잘 알겠다."

보람이는 내 말을 듣더니 살짝 얼굴을 붉히며 대답했다.

"솔직히 말하면 나도 펀드가 뭔지 아직 잘 몰라. 지난달에 엄마랑 은행에 왔다가 엄마가 '어린이 펀드' 하나 들자고 하셔서 만든 거거든."

"그래? 네 덕분에 펀드가 뭔지 알 게 될 줄 알았는데……."

내가 안타까워하자, 보람이는 뭔가 골똘히 생각하더니 나를 은행으로 잡아 끌었다.

"그럼 우리 은행에 들러 펀드가 뭔지 알아볼래? 아까 펀드에 돈 넣을 때 보니까 언니가 참 친절하더라고. 그 언니한테 물어보면 잘 알려 줄 거야."

대신 돈을 불려 주세요

"어머, 아까 왔던 친구네. 뭐 빠뜨리고 간 거라도 있니?"

은행원 누나는 보람이를 보더니 금세 알은척을 했다. 보람이가 방긋 웃으며 대답했다.

"아니요. 제 친구가 펀드가 뭔지 알고 싶다고 해서 제가 언니한테 물어보자고 했어요. 언니가 아까 친절하게 대해 주셔서 설명도 잘해 주실 것 같았거든요."

"칭찬까지 들었으니 더 친절하게 설명해 줘야겠는걸. 음, 펀드는 쉽게 말해 투자 전문가한테 '나 대신 돈을 불려 주세요.' 하며 돈을 맡기는 거란다. 투자 전문가는 사람들이 맡긴 돈을 앞으로 큰돈을 벌 거라 생각되는 곳에 투자하지.

지금보다 미래에 더 크게 발전할 것 같은 회사의 주식, 채권 따위를 사 두었다가 나중에 값이 오른 뒤 팔거나 땅을 사서 건물을 지어 팔기도 한단다. 투자 전문가는 이렇게 번 돈을 펀드에 돈을 맡긴 사람들한테 돌려주는 거야. 참, 한 가지 더! 투자 전문가는 펀드에 돈을 맡긴 사람 대신 어디에 투자하면 좋을지, 또 얼마나 투자할지 고민해 주잖아? 그래서 펀드에 돈을 넣은 사람은 그 대가로 수수료를 조금 내준단다."

"네? 수수료를 내야 한다고요? 왠지 아까운걸요. 어차피 투자 전문가도 우리가 펀드에 맡긴 돈으로 주식 따위를 사서 돈을 버는 거라면 굳이 펀드에 돈을 넣을 필요는 없지 않을까요? 우리가 직접 주식이나 채권을 사도 되잖아요."

보람이는 수수료가 아깝다며 고개를 갸웃했다. 누나는 보람이 말을 가만히 듣더니 이렇게 대꾸했다.

"물론 네 말처럼 직접 투자를 해도 돼. 하지만 보통사람은 아무리 신문이나 텔레비전을 꼼꼼히 챙겨 보아도 경제가 어떻게 흘러가는지, 어느 곳에 투자하면 이익을 볼지 알아채기 어렵거든. 그러다 보니 투자를 했다가 손해를 보는 일도 자주 일어나고. 사람들이 수수료를 내더라도 펀드에 돈을 맡기는 건 이런 위험을 되도록 피하고 싶어서란다."

누나 말이 끝나기가 무섭게 내가 물었다.

"누나, 그럼 펀드에 돈을 넣으면 언제나 이익을 볼 수 있나요?"

"아니, 투자 전문가라고 해서 늘 좋은 결과를 얻을 수 있는 건 아니란다. 때로는 투자 전문가도 경제 흐름을 잘못 읽어 손해를 보는 일이 있거든. 괜히 펀드를 했다는 둥 펀드를 해서 손해만 봤다는 둥 투덜거리는 사람들이 있는 것도 그 때문이지. 하지만 평범한 사람보다야 투자 전문가가 실수할 가능성이 적지 않을까? 오랫동안 투자를 해 봤고 경제가 어떻게 돌아가는지 늘 관심을 기울이고 있으니까. 자, 이쯤에서 누나는 설명을 끝낼까 하는데, 뭐 더 알고 싶은 거 있니?"

대학교 등록금, 내가 모을래요

 은행에서 돌아오자마자, 컴퓨터를 켜고 인터넷 검색창에 펀드라는 글자를 쳤다. 펀드에는 어떤 것들이 있는지, 어떤 펀드가 인기 있는지 알고 싶었기 때문이다. 한참 컴퓨터를 들여다보았더니, 엄마가 걱정되는지 슬며시 다가오셨다.
 "준영아, 학원 갔다 왔으면 복습도 하고 책도 좀 봐. 언제까지 컴퓨터 앞에 앉아 있을 거니?"
 "아, 뭣 좀 찾아볼 게 있어서요. 그런데 엄마, 대학교 등록금은 얼마나 돼요?"
 내가 갑자기 엉뚱한 질문을 하니까 엄마는 어이가 없다는 표정을 지으셨다.
 "난데없이 대학교 등록금은 왜 물어? 그게 왜 궁금한데?"
 "아유, 이유는 조금 뒤에 알려 드릴 테니까 돈이 얼마나 필요한지부터 알려 주세요, 어서요!"

내가 자꾸 조르자, 엄마는 고개를 갸웃하더니 말씀하셨다.

"정확히는 모르겠는데 아마 한 학기에 400만 원쯤 할걸."

그 순간 내 머릿속은 바빠지기 시작했다. 내가 대학생이 되려면 6년 반 정도 흘러야 하니까 달로 따지면 거의 80개월. 400만 원을 80으로 나누면 5만 원. 그래, 달마다 5만 원씩 모으면 대학 등록금을 미리 모을 수 있겠어!

계산을 마친 뒤, 나는 엄마한테 보람이와 은행에 갔던 일을 말씀드렸다. 그리고 보람이처럼 어린이 펀드에 들고 싶다고 덧붙였다.

"엄마, 지금부터 조금씩 돈을 모아 두면 대학교 들어갈 때 등록금 때문에 걱정하지 않아도 될 거 같아요. 엄마가 어린이 펀드를 들어 주시면 저도 용돈을 조금 보탤게요."

엄마는 내 말을 듣더니 기특하다며 머리를 쓰다듬어 주셨다.

"늘 어리다고 생각했는데 우리 아들이 언제 이렇게 컸을까? 좋아! 준영이가 미래를 준비하겠다는데 엄마가 모른 척할 수 없지. 자, 어떤 펀드가 좋을지 엄마랑 함께 찾아보자. 오늘 펀드를 정하고 내일 은행에 가서 펀드에 가입하자."

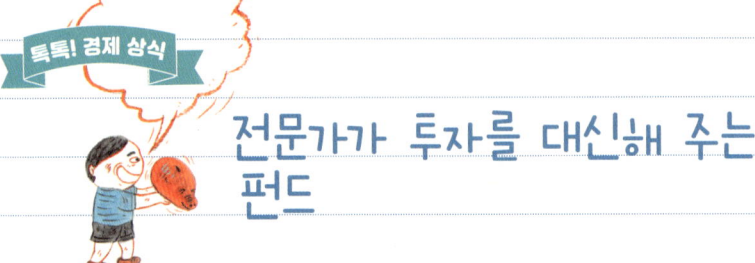

전문가가 투자를 대신해 주는 펀드

우리 같은 보통사람과 투자 전문가가 똑같이 10만 원씩 투자한다고 상상해 보아요. 누가 돈을 더 많이 불릴 수 있을까요? 모두 "투자 전문가요."라고 입을 모으는군요. 그래요, 투자 전문가는 투자 경험이 많고 경제의 흐름을 살피는 눈이 밝아요. 그래서 앞으로 어떤 사업이 크게 발전할 것인지, 어느 곳의 발전 가능성이 커서 땅이나 건물값이 많이 오를지, 우리보다 쉽게 눈치챌 수 있지요. 펀드에 돈을 넣으면 바로 그런 사람들이 우리를 대신해 투자해 주는 것이니, 당연히 우리가 직접 투자할 때보다 돈을 벌 가능성이 높답니다.

그런데 가끔 펀드에 돈을 넣기만 하면 무조건 많은 돈을 벌 수 있을 거라고 오해하는 사람들이 있어요. 아무리 뛰어난 투자 전문가라도 언제나 투자에 성공하는 건 아닌데 말이에요. 투자 전문가는 발전할 가능성을 보고 투자를 하는 것인데, 미래에 어떤 일이 일어날지는 아무도 모르잖아요. 투자 전문가가 여러모로 따져 보고 튼튼한 기업이라 생각해 투자했는데, 갑자기 홍수가 나 공장이 물에 잠길 수도 있거든요. 또 갑자기 예상하지 못했던 문제로 인하여 경제 상황이 아주 나빠질 수도 있고요. 그래서 여윳돈으로 장기 투자를 하면 원금을 손해 볼 확률은 낮지만, 맡긴 돈보다 적은 돈을 돌려받을 수도 있어요.

펀드는 돈을 맡기는 방법에 따라, 적은 돈을 차곡차곡 넣어 목돈을 모으는 적립식 펀드와 정기예금처럼 목돈을 한꺼번에 맡겨 두는 거치식 펀드로 나눌 수 있어요.

그리고 어디에 투자하느냐에 따라 주식형 펀드, 채권형 펀드, 부동산 펀드 따위로 나눌 수 있고요. 시장에서 사고팔리는 주식의 종류가 많다 보니 주식형 펀드라고 하더라도 어느 주식에 투자하느냐에 따라 주식형 펀드의 종류도 아주 다양해요. 또 우리 주식이나 채권, 부동산에 투자하는 국내형 펀드, 다른 나라 주식이나 채권, 부동산에 투자하는 해외형 펀드도 있어요. 펀드 종류가 너무 많아서 무엇을 고를지 모르겠다고요? 그래서 당장에 수익률이 좋은 펀드에 한꺼번에 돈을 넣는 것보다는 여러 펀드에 돈을 쪼개 투자하는 분산투자를 권해요.

10장

반짝반짝 아이디어, 송골송골 땀방울

새 사업으로 뭘 할까?

'이번 여름방학은 왜 이렇게 길지?'

다른 때는 방학이 끝나면 아쉬운 생각이 들었는데 이번에는 여름방학이 빨리 끝나기만 기다렸다. 그래서 새로운 사업에 대해 의논하기로 한 2학기 첫 학급회의 시간이 되자 나도 모르게 콧노래가 나왔다.

나는 전에 살던 마을에서 만드는 우리 콩 된장을 어머니회에 홍보하여 판다는 아이디어를 낼 생각이다. 값은 좀 비싸지만 웰빙을 강조하면 관심을 끌지 않을까? 더구나 된장 맛이 일품이니까 찌개를 만들어 일단 맛을 보게 하면 아주 잘 팔릴 거다. 이렇게 신선한 생각을 다 해내다니, 나도 능력 있는 CEO가 될 소질이 다분하지? 내 아이디어를 듣고 깜짝 놀랄 친구들을 생각하니까 저절로 웃음이 나왔다.

2학기에 다시 시작할 주식회사 6학년 2반 정기 주주총회는 보람이가 사회를 보기로 했다.

"모두들 건강한 모습으로 다시 만나게 되어 반갑습니다. 오늘 회의에서는 주식회사 6학년 2반에서 2학기에 무슨 사업을 벌이면 좋을지에 대한 여러분 의견을 듣고자 합니다. 주식회사 6학년 2반에서는 10월, 11월에 한 가지씩 두 가지 사업을 진행할 예정입니다."

보람이가 새로운 사업에 대한 의견을 묻자 가장 먼저 수진이가 입을 열었다.

"알뜰 시장을 여는 건 어때요? 자기한테 필요 없는 물건은 팔아서 돈을 벌고, 필요한 물건은 싼값에 살 수 있으니까 모두 좋아할 거예요. 회사는 알뜰 시장에서 물건을 파는 친구들한테 자릿세를 받아 돈을 벌 수 있어요."

"어? 나도 똑같은 생각을 했는데."

구슬이가 수진이의 말에 맞장구를 쳤다.

영민이는 만화책 대여점을 열자고 말했다.

"만화책을 싫어하는 사람은 별로 없어요. 만화책 한 권을 빌려줄 때마다 대여료를 100원씩 받으면 될 거예요. 새 만화책은 비싸니까 만화책은 헌책방에서 사 오기로 해요. 헌책이라고 해도 잘 찾아보면 깨끗한 책이 많거든요."

"신난다! 집 앞 대여점보다 싼값에 만화책을 볼 수 있겠네. 난 무조건 찬성이야, 찬성!"

규식이는 우리가 금방 만화책 대여점을 열기라도 할 것처럼 좋아했다.

"근데 만화책 대여점을 열었다가 혹시라도 아이들이 수업 시간에 만화책을 보면 어떡해요? 교장선생님께서 허락해 주실까요?"

지혜가 걱정을 했다. 헉! 정말 그런 문제가 있었구나. 이번에는 진우가 우리를 둘러보며 말문을 열었다.

"난 우리가 반 대항 운동경기를 열었으면 좋겠어요. 6학년 각 반이 대표 선수들을 뽑아 축구, 발야구, 농구 같은 운동경기를 하는 거지요. 반 대항 운동경기를 하면 반 친구들하고 더 친해질 수 있을 거예요."

우리는 진우가 새로운 사업에 대해 회의하는 시간에 왜 반 대항 운동경기 이야기를 꺼내는지 도무지 알 수 없었다. 모두가 진우를 이상하다는 듯 쳐다보았다. 진수도 우리와 같은 생각이었는지, 대뜸 진우에게 질문을 던졌다.

"반 대항 운동경기를 여는 거랑 주식회사 6학년 2반이 돈을 버는 거랑 무슨 상관이 있습니까?"

진우는 빙그레 웃으며 설명을 했다.

"반 대항 운동경기를 할 때, 우리 반이 시합에 나갔다고 생각해 보세요. 그럼 우리 반 친구들은 모두 응원하러 올 거예요. 어쩌면 대표 선수로 뛰는 아이들의 가족까지 구경하러 올지도 모르죠. 그때 우리는 구경꾼들한테 음료수며 과자 따위를 팔아 돈을 벌 수 있어요."

역시 진우 녀석은 CEO를 꿈꿀 만하다. 아무도 생각하지 못한 곳에서 돈 벌 궁리를 하다니! 하지만 이번만큼은 내 아이디어가 더 기발할걸. 난 두 손을 번쩍 든 후 자리에서 일어났다.

"제가 전학 오기 전에 살았던 마을에서는 우리 몸에 좋은 메주콩을 많이 재배해요. 이 콩을 가지고 만든 '콩밭골 된장'은 맛이 아주 기가 막혀요. '콩밭골 된장'을 어머니회에 홍보하여 팔면 어떨까요? 값은 좀 비싸지만 웰빙을 강조하면 어머니들의 관심을 끌 수 있을 거예요. 맛보기 된장을 얻어 와서 직접 찌개를 만들어 일단 맛을 보게 하면 아주 잘 팔릴 겁니다."

사업은 두 가지만 벌일 생각인데 아이디어는 네 가지나 나왔다. 의견을 낸 친구들은 모두 자기가 낸 아이디어가 제일 좋다고 계속 실랑이를 벌였다. 규식이가 한숨을 내쉬며 말했다.

"휴, 아무리 좋은 사업 계획이면 뭐해? 친구들끼리 아옹다옹하느니 새 사업을 안 하는 게 낫겠다."

구슬이도 그만 싸우라며 덧붙였다.

"맞아. 어차피 어떤 사업이든 교장선생님께서 최종으로 허락을 하셔야 시작할 수 있으니까 지금 결정해도 소용없다고 생각해. 우리끼리 이러지 말고 교장선생님께 어떤 사업을 하면 좋을지 여쭈어 보기로 하자."

새 사업, 스스로 골라 봐요

우리는 수업이 끝나자마자 교장실로 달려갔다. 교장선생님께서는 우리 말을 끝까지 다 듣고는 크게 웃으셨다.

"하하하! 모두 멋진 아이디어를 냈군요. 다 훌륭한 생각이라 선생님도 어떤 사업을 고를지 쉽게 결정하지 못하겠는걸요."

보람이는 울상을 지으며 말했다.

"그래도 꼭 골라 주셔야 해요. 네 가지 사업을 다 할 순 없으니까요."

"으음, 어른들은 왜 회사를 세울까요?"

교장선생님께서 갑자기 엉뚱한 질문을 하셨다.

'왜 저런 이야기를 하신 걸까?' 하며 고개를 갸웃거릴 때였다. 규식이의 씩씩한 목소리가 들려왔다.

"그거야 돈을 벌기 위해서지요."

"규식이 학생이 잘 알고 있네요. 그럼 돈을 벌 수 있다면 회사는 어떤 일이든 해도 될까요?"

"아니요! 아무리 돈을 많이 벌 수 있다 해도 남한테 피해를 주면 안 돼요."

이번에는 진우가 대답했다.

"그래요. 돈을 산더미처럼 벌어들일 수 있더라도 환경을 오염시키거나 남을 속이는 일 따위는 결코 하면 안 돼요! 자, 그럼 이런 점을 마음속 깊이 기억해 두고 친구들 스스로 네 가지 사업 가운데 어떤 사업을 할지 선택해 봐요.

선생님은 이번 기회에 주식회사 6학년 2반 친구들이 여러 사업 계획 가운데 가장 멋진 아이디어를 찾아내는 방법까지도 배웠으면 좋겠어요. 그것도 회사를 잘 꾸려 나가려면 꼭 알아야 할 일이니까요."

교장선생님께서는 또 다른 조건 하나를 내세웠다.

"그런데 주식회사 6학년 2반 사업은 어린이들을 상대로 하는 것이었으면 좋겠어요."

아이디어와 기술은 단짝 친구

우리 스스로 사업을 고르라는 이야기를 듣고 교장실을 나오려는데, 교장선생님께서 싱긋 웃으며 물으셨다.

"음, 주식회사 6학년 2반이 6학년 전체에 물건을 팔 수 있다면 어떨까요? 대신 주식회사 6학년 2반 말고 다른 반 친구들도 회사를 차릴 수 있다면요. 어때요? 이렇게 상황이 바뀌는 게 주식회사 6학년 2반한테 좋을까요, 나쁠까요?"

"당연히 나쁜 일이지요. 회사가 더 생긴다면 장사하기 힘들어질 걸요. 너도나도 물건을 팔 수 있으니까 우리 물건을 사는 아이들이 줄어들 게 뻔하잖아요."

나는 얼른 대답했다. 교장선생님께서 정말 회사를 늘리실까 봐 걱정되었기 때문이다.

"준영이 학생 말처럼 회사가 늘어나면, 주식회사 6학년 2반의 손님이 줄어들 수도 있어요. 손님들은 좀 더 싼값에 좀 더 좋은 물건을 파는 회사로 몰려갈 테니까요. 하지만 위기가 곧 기회라고, 어쩌면 주식회사 6학년 2반이 더 많은 손님을 끌어들일 수 있을지도 모르지요."

"손님을 끌어들인다고요?"

내가 귀를 쫑긋 세우며 여쭤 보았다.

"회사가 많아지면 주식회사 6학년 2반은 지금보다 더 많은 노력을 기울일 거예요. 손님을 빼앗기지 않으려고 다른 회사보다 싼값에 좋은 물건을 팔려고 애쓸 테지요. 옛날보다 더 친절하게 손님을 맞이할 거고요. 또 손님들을 끌어모으려고 온갖 새로운 아이디어를 짜낼걸요. 내가 손님이라면 싼값에 좋은 물건을 팔고 게다가 친절하기까지 한 주식회사 6학년 2반에 자주 들를 것 같은데요."

교장선생님 말씀을 듣고 나니 저절로 고개가 끄덕여졌다. 6학년 2반 학생들에게만 장사를 하는데 다른 회사가 생기면 손님을 빼앗기기 쉬울 것이다. 하지만 6학년 전체에 물건을 판다면 다른 회사가 생겨도 우리한테 이익일 수 있다. 우리가 손님을 끌어들일 좋은 아이디어만 낸다면 지금보다 훨씬 많은 돈을 벌 수 있을지도 모른다.

"회사가 발전하려면 좋은 아이디어를 자꾸자꾸 생각해 내야 해요. 또 그 아이디어를 물건으로 만들어 내는 기술도 함께 발전시

켜야 하지요. 일본의 '소니'라는 회사를 예로 들어 볼까요? 소니는 한동안 '세계 최고의 전자 제품 회사'로 손꼽혔어요. 소니가 그렇게 발전한 데는 소니를 처음 세운 '모리타 아키오'라는 사장의 힘이 컸지요. 모리타 사장은 걸어 다니면서 음악을 들을 수 있는 '워크맨'이라는 카세트 플레이어를 만들어 소니의 이름을 널리 알렸거든요.

그런데 워크맨을 만든 아이디어를 떠올린 이야기가 참 재미있어요. 그날은 모리타 사장이 가족들과 함께 여행을 떠났다가 집에 돌아오는 날이었대요. 집에 도착하자마자, 모리타 사장의 딸이 쪼르르 방으로 달려갔다지 뭐예요. 모리타 사장은 '쟤가 왜 저러지?' 하며 딸을 따라가 보았지요. 그랬더니 딸은 방에서 스테레오 카세트에 테이프를 넣고 음악을 듣더래요. 그때 모리타 사장은 '가지고 다니며 음악을 들을 수 있는 카세트 플레이어가 있으면 언제 어디서든 음악을 들을 수 있겠다.'는 생각이 들었다네요.

모리타 사장은 이런 작은 일을 지나치지 않고 찬찬히 살펴본 덕분에 반짝이는 아이디어를 얻을 수 있었어요. 또 소니의 기술자들은 그 아이디어를 눈에 보이는 물건으로 만들어 내기 위해 온 힘을 기울였고요. 소니가 만든 워크맨은 아이디어와 기술이 멋들어지게 맞물려 태어난 물건이라 할 수 있어요.

나는 여러분들이 회사 일을 하면서 좋은 아이디어를 찾아내고 그 아이디어를 시장에 내놓을 수 있는 것으로 만드는 연습을 많이 했으면 좋겠어요. 내 말 무슨 뜻인 줄 알지요?"

교장선생님 말씀이 끝나기가 무섭게 우리 모두 큰 소리로 "네!"라고 대답했다.

교장실을 나서면서 여러 가지 생각이 머릿속을 떠다녔다. 회사가 사업을 벌일 때, 꼭 따져 봐야 할 것이 무엇인지 스스로 정리할 줄 알아야 한다. 그리고 주변을 꼼꼼히 살펴보는 습관도 가져야 한다. 아이디어는 작은 것에서부터 반짝하고 생각나는 것이니까. 그리고 아주 나중에 내가 진짜 회사를 차리면 기술을 발전시키는

데도 노력을 다해야겠다는 생각이 들었다. 아이디어가 아무리 좋아도 기술이 뒷받침되지 않으면 아이디어는 그저 헛된 상상에 지나지 않으니까 말이다.

 아니, 그러고 보니까 진우만 CEO를 꿈꾸는 줄 알았는데, 나도 어느새 CEO를 꿈꾸고 있네?

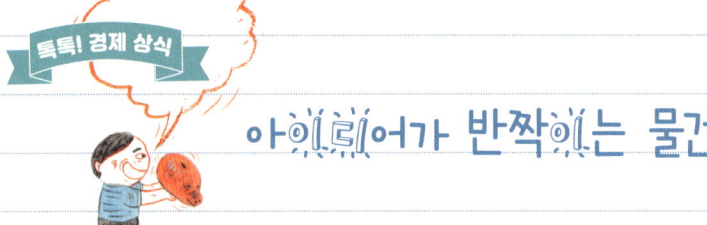

톡톡! 경제 상식

아이디어가 반짝이는 물건

아이디어가 톡톡 튀는 물건을 만들려면 꼭 필요한 게 있어요. 바로 주변을 꼼꼼히 살펴보는 힘이지요. 주변을 눈여겨본다고 정말 그런 물건을 만들 수 있냐고요? 이런, 아직도 의심하는 친구가 많네요. 자, 그럼 이제부터 '찍찍이'라 불리는 '벨크로테이프'가 어떻게 만들어졌는지 알아보자고요.

1948년에 조르주 드 메스트랄이라는 스위스 사람이 벨벳으로 만든 바지를 입고 언덕 위를 산책했어요. 그런데 엉겅퀴가 바지에 잔뜩 달라붙지 뭐예요. 조르주는 그 순간 아이디어를 얻어 특별한 테이프를 만들었어요. 테이프 한쪽에는 엉겅퀴처럼 아주 작은 갈고리를 촘촘히 붙이고 다른 쪽에는 눈에 보이지 않는 작은 고리가 다닥다닥 붙은 천을 붙였지요. 그렇게 만들어진 벨크로테이프는 지금 옷이나 신발을 단단히 여밀 때 많이 쓰여요. 우주비행사들이 우주선에서 물건을 묶어 둘 때도 벨크로테이프가 꼭 필요하답니다.

또 다른 예를 들어 볼까요? 1925년에 두 가지 색을 칠할 때 어려움을 겪는 페인트공들을 위해서 특별 제작한 접착 테이프가 만들어졌어요. 3M(과학, 광학, 제어장비 등을 생산하는 미국 회사)에서는 이를 어디서나 쓸 수 있는 투명 접착 테이프로 발전시켜 스카치테이프를 탄생시켰어요. 그후 3M은 작지만 반짝이는 아이디어로 수많은 제품을 생산하여 세계적인 기업이 되었지요. 1980년대에 발명된 포스트잇 노트도 그중 하나입니다. 다시 살펴보고 싶은 곳에 임시로 붙이는 포스트잇 노트는 강력한 접착제를 만드는 과정에서 만들어졌답니다. 강력한 접착제 대신에 실수로 잘 붙지 않는 풀이 만들어졌는데 이 풀을 보고 포스트잇 노트에 대한 아이디어가 떠올랐던 거예요.

자, 어때요? 나도 한번쯤 도전해 볼만하다는 생각이 들지 않나요?

11장

진이네 김밥이 후원하는 청문 리그

새 사업을 위한 회의

10월과 11월에 걸쳐서 벌일 두 가지 사업을 정하기 위해 회의를 하는 날이다. 먼저 진우가 교장선생님께서 하신 말씀을 반 친구들에게 전했다.

어린이들을 대상으로 하는 일이었으면 좋겠다고 하셨으니까 내가 낸 아이디어는 사업으로 이어질 수 없었다. 만화책 대여점을 열자 한 영민이도 곰곰이 생각해 보니까 만화책 대여점보다 반 대항 운동경기나 알뜰 시장이 더 바람직한 사업 같다며 한발 양보했다.

"그럼 새 사업은 반 대항 운동경기와 알뜰 시장으로 정해졌네요. 다음은 어떤 사업을 먼저 할지 정해야 합니다."

회의가 술술 진행되니까 기분이 좋아서인지 진우가 들뜬 목소리로 말했다.

"그보다 먼저 운동경기와 알뜰 시장을 어디에서 할지부터 정하는 것이 좋아요. 그래야 언제 무슨 사업을 할지 결정하기 쉽잖아요."

"운동경기는 당연히 운동장에서 해야지요. 알뜰 시장도 운동장에서 해야 하지 않나요?"

진수는 보람이가 왜 장소 이야기를 꺼내는지 이해할 수 없다는 듯이 되물었다.

"알뜰 시장은 운동장보다 강당에서 여는 게 좋지 않을까요? 그래야 비가 오거나 날씨가 추워도 문제가 없어요. 물건을 늘어놓고 파는 데도 좋고요."

야무진 수진이는 알뜰 시장을 열자고 하면서 어떻게 일을 진행하면 좋을지도 이미 생각해 둔 눈치였다.

"맞아, 그게 좋겠다. 역시 여러 사람이 의견을 내면 좋은 아이디어가 모이네."

구슬이가 감탄하며 혼잣말을 했다.

"그럼 11월보다는 10월이 바깥에서 활동하기가 좋으니까 운동경기는 10월, 알뜰 시장은 11월에 열어요."

회의는 착착 진행되었다. 하지만 난 아까부터 평소에는 덜렁이며 장단을 잘 맞추는 규식이가 너무 조용한 것이 마음에 걸렸다.

"규식아, 너 무슨 걱정이라도 있니? 네가 한마디도 안 하니까 이상해."

규식이 옆구리를 쿡 찌르며 묻자, 규식이는 싱긋 웃으며 익살을 떨었다.

"에이, 걱정은 무슨……. 아, 아니다! 우리가 장사를 잘해서 돈이 많이 들어오면 그걸 어떻게 해야 하나 고민하고 있었지."

규식이의 대답을 들은 몇몇 아이들이 키득거리며 웃었다. 그럼 그렇지! 규식이를 누가 말리겠어!

"운동경기는 어떤 종목으로 할까요? 축구? 아니면 농구?"

"축구가 어떨까요? 다들 축구 좋아하잖아요. 아아, 생각만 해도 재밌겠다."

한번 입을 열자 규식이는 여느 때처럼 쉴 새 없이 떠들었다.

"남자들은 축구를 좋아하지만 여자들은 관심 없을걸요. 여자들도 좋아할 종목으로 정하는 게 좋겠어요."

나는 우리 반 여자 친구들에게 점수를 따고 싶은 마음에 여자 친구들을 돌아보며 말했다. 그런데 이게 웬일? 오히려 지혜에게 야단만 맞았다.

"아냐, 요즘은 여자들도 축구 좋아해. 넌 왜 여자, 남자로 편을 가르려고 하냐?"

그러자 아이들이 너도나도 입을 모아 의견을 이야기했다. 갑자기 회의 분위기가 어수선해졌다.

"여러분, 아직 회의가 끝나지 않았어요. 잡담은 그만하고 조용히 해 주세요."

진우가 큰소리로 교실 분위기를 돌리려고 애를 썼다.

"학교에 축구 교실도 있으니까 축구를 하면 많이 참가할 거라고 봐요. 그리고 상을 경기 부문만 주면 선수들 외에 다른 사람들은 관심을 갖지 않을지 모르니까 응원상도 주었으면 좋겠어요."

보람이의 말에 모두 찬성했다.

"상으로 트로피를 주나요?"

"트로피보다는 실용적인 문화상품권이 어때요?"

"여러 명이 골고루 나누어 가지려면 학용품이 좋아요."

상품으로 무엇을 줄 것인가에 대해서는 여러 가지 의견이 나와서 다수결로 정하기로 했다. 결국 우승 상품으로는 각각 문화상품권 5만 원어치를 주는 것으로 결정했다.

사업을 진행하기 위해 세세한 부분까지 주주들의 의견을 물어보면 일 처리가 너무 늦어지므로 오늘 회의에서 정하지 못한 일은 회사 임원과 직원들이 의논해서 결정하기로 했다.

우리 사전에 포기란 없다

 5월에 벌였던 꽃 가게 사업이 쉽게 성공을 거두어서, 우리는 이번 사업도 당연히 술술 잘 풀릴 거라 생각했다. 학교 이름을 따서 축구 경기 명칭을 '청운 리그'로 정하고, 학교 게시판에 6학년을 대상으로 참가 신청을 받는다는 광고를 붙였다. 10월 둘째, 셋째, 넷째 토요일에 경기를 할 예정이었다. 그런데 이게 웬일인가? 광고를 붙인 지 사흘이 지나도록 우리 반을 제외하고는 6학년 4반만 참가 신청을 했다.
 "6학년 모든 반이 참가할 줄 알았는데 도대체 왜 이렇게 관심이 없는 거지?"
 운동경기를 하자고 의견을 낸 진우는 몹시 초조한 눈치였다.
 "여섯 반, 아니 적어도 네 반은 참가해야 경기를 치를 수 있는데……."
 초조하기는 다른 아이들도 마찬가지였다.

"사람들의 마음을 제대로 읽어야 사업에 성공할 수 있어. 그런데 이번에는 우리가 너무 쉽게 일을 결정한 것 같아."

"참가 신청을 하지 않은 반을 설득해서 신청을 받는 일이 제일 급해. 다른 반 친구들이 왜 관심을 보이지 않는지부터 알아보고 대책을 마련하자."

"상품도 올려야겠어. 문화상품권 5만 원이면 너무 적어."

"상품을 올렸는데 장사를 잘 못하면 손해 볼 수 있잖아. 고생만 하고 손해 보는 장사는 안 하는 게 나아. 차라리 청운 리그를 취소하자."

규식이는 아예 청운 리그를 포기하자고 했다.

"그럴 순 없어. 이 일로 돈을 못 번다고 해도 경기를 치러야 해. 힘들다고 포기하면 다음 사업은 시작할 수도 없을 거야."

진우는 눈을 반짝이며 굳은 의지를 보였다.

우리는 일대일 작전으로 다른 반 친구들을 설득하기로 했다. 그리고 경기에 참가하는 팀과 응원 우승 팀에게 각각 주기로 했던 상품은 주주들에게 사정을 말하고 10만 원 상품권으로 올렸다.

여러 가지 이유로 참가하기 힘들다는 다른 반 친구들을 한 명씩 찾아다니며 마음을 돌려놓는 일은 쉽지 않았다. 일이 순조롭게 풀리지 않으니까 운동경기를 하자는 의견을 낸 진우가 원망스러웠다. 하지만 진우 말처럼 힘들거나 성공할 가능성이 없다고 중간에 그만둘 수는 없었다. 우리는 더 열심히 일하면 반드시 좋은 결과가 나올 거라고 서로 격려하며 쉬는 시간마다 다른 반 친구들을 찾아다녔다. 드디어 1반과 5반이 참가 신청을 했고, 경기는 예정대로 치를 수 있게 되었다.

네 반만 참석하기 때문에 승점과 골 득실 차로 우승 팀을 가리기로 했다. 동점이 생기면 마지막 날에 두 팀이 승부차기를 하는 것으로 정했다.

청운 리그는 치를 수 있게 되었지만 상품으로 무려 20만 원이나 들어가게 되었다. 자칫 잘못하면 돈을 벌기는커녕 손해를 볼 수도 있는 상황이었다. 휴, 무슨 뾰족한 수가 없을까?

엎친 데 덮친 격으로 규식이까지 말썽을 부렸다. 모든 직원들이 이리 뛰고 저리 뛰어도 경기 진행과 함께 장사하는 일이 쉽지 않을 텐데 부심을 맡아야 할 규식이가 꼭 선수로 뛰어야겠다며 고집을 부렸다. 산 넘어 산이라고 하나를 해결하면 또 다른 어려움이 생기니까 모두 짜증이 났다. 이 지경이 되니 꼼꼼히 생각해 보지도 않고 반 대항 운동경기를 하자고 한 진우가 원망스러워졌다. 그렇지만 눈에 띄게 말수가 줄어든 진우를 보니 나라도 기운을 차리고 있어야 한다는 생각이 들었다.

마침내 우리는 경기 진행과 장사, 두 마리 토끼를 다 잡지 못할 거라면, 주식회사 6학년 2반의 명예를 지키기 위해 손해를 보더라도 경기를 제대로 진행해야 한다고 결정했다.

"너희들 늦게까지 웬일이야?"

3반 지영이가 교실 옆을 지나가다가 회의를 하고 있는 우리를 보고 물었다.

"응, 청운 리그 때문에 일이 많아."

"우리 반 남자아이들은 모두 샌님인가 봐. 축구 대회에 참석하지도 않고."

지영이는 자기 반이 경기에 참여하지 않은 것이 영 못마땅한지 투덜거렸다. 지영이는 중요한 축구 경기라면 새벽에도 일어나 보는 유명한 축구광이다. 이런 지영이를 보자 번개처럼 스치는 생각이 있었다.

"지영아, 네가 축구 부심을 맡아 줄래?"

내 말을 듣고 지영이뿐만 아니라 다른 친구들도 깜짝 놀라는 눈치였다.

"맞아. 우리끼리 모든 일을 처리할 수 없을 때는 다른 사람의 도움을 받을 수도 있는데, 그 생각을 미처 못했네. 지영아, 제발 우릴 도와줘, 응?"

진우까지 내 말에 장단을 맞추자 잠시 생각에 잠겼던 지영이가 우리 제안을 흔쾌히 받아들였다.

"좋았어. 내가 경기 분위기 팡팡 띄워서 구경꾼을 많이 끌어 모을게. 자, 모두 힘내자. 아자, 아자, 아자!"

이미 축구 주심은 담임선생님께서 맡아 주기로 하셨으니 이제 경기 진행은 걱정하지 않아도 될 것 같다. 지영이가 경기 진행을 도와준다고 하자 주식회사 6학년 2반의 무거웠던 분위기는 금방 바뀌었다. 진우가 밝은 표정으로 외쳤다.

"우리 사전에 포기란 없다!"

부심을 맡아야 하는 부담이 없어진 규식이도 신이 나는지 큰 소리로 외쳤다.

"그래, 포기란 없다! 집에 가서 사전을 찾아보고 포기라는 낱말이 있으면 지워 버릴 거야!"

하지만 보람이는 아직도 회사 일을 팽개치고 선수로 뛰겠다고 고집을 부린 규식이가 얄미운지 쌀쌀맞은 목소리로 쏘아붙였다.

"규식이 너, 한 골도 못 넣으면 가만두지 않을 거야."

천사가 나타났어요

"얘들아, 얘들아. 천사가 나타났어, 천사가!"

진우와 구슬이가 교실로 뛰어 들어오며 외쳤다. 둘은 김밥과 음료수 장사를 하기 위해 물건 사 올 곳을 알아보러 나갔던 길이었다. 교실에서 청운 리그 포스터를 그리던 친구들은 무슨 영문인지 몰라서 어리둥절했다.

"우리 아파트 상가에 새로 생긴 김밥 가게가 있는데, 그곳에서 경기가 열리는 토요일마다 김밥을 30줄씩 공짜로 주겠다고 했어. 뜨거운 국물도 보온병에 담아서 주시겠대. 무려 90줄을 공짜로 받게 됐다니까! 한 줄에 2,500원에 팔면 22만 5천 원이 되니까 상품값 걱정은 할 필요가 없는 거야. 그럼 음료수 팔아서 생기는 돈은 고스란히 우리 이윤이 되는 거지."

구슬이가 차근차근 설명하자, 다들 놀라서 눈을 동그랗게 떴다.

"우아, 내 기도가 통했나 봐. 우리를 도울 천사를 보내 달라고 기도했거든."

보람이는 기뻐서 어쩔 줄 모르는 표정을 지었다.

"잠깐, 포스터 아직 다 안 그렸지? 포스터 글을 고쳐야 해."

진우는 우리가 그리고 있는 포스터를 보면서 말했다.

"포스터에 주식회사 6학년 2반이 주최하고, 진이네 김밥이 후원한다고 써야 해."

"진이네 김밥이 우리에게 공짜로 김밥을 주겠다는 곳이구나."

"맞아. 정말 진이네 김밥 주인 아주머니는 천사야."

구슬이가 계속 천사라고 말하자 진우가 씽긋 웃었다.

"구슬아, 사실은 내가 김밥 가게 아주머니를 천사로 만든 거야. 난 김밥을 조금이라도 싸게 살 수 있는 방법을 찾고 있었어. 그러다 새로 문을 연 가게는 일단 홍보가 급하니까 다른 곳보다 싼값으로 김밥을 팔 거라고 생각했지. 그래서 아주머니께 김밥을 싸게 주면 김밥 가게 광고를 해 주겠다고 말했어. 그랬더니 아주머니께서 아예 공짜로 주시겠다고 한 거지."

우아, 진우는 어떻게 그런 것까지 생각했을까?

"김밥을 공짜로 받는 대신 우리가 가게 광고를 해 준다는 거구나. 세상에 공짜는 없다더니, 말하자면 김밥은 광고비 대신 받는 셈이네."

"그래도 난 진이네 김밥 아주머니가 고마워. 우리를 사업 동료

로 인정했다는 뜻이잖아. 이런 걸 두고 '누이 좋고 매부 좋다.'라고 하는 거라고!"

청운 리그가 열릴 수 있게 될 때까지 뜻하지 않은 암초를 많이 만났지만, 앞으로 3주 동안은 신나고 재미있는 일만 계속 생길 것 같다.

주식회사 6학년 2반, 파이팅!

처음 경기가 치러지는 두 번째 토요일 아침, 쉬는 토요일이라고 늦잠을 자는지 학교에 응원하러 온 친구들이 별로 없었다. 썰렁한 운동장을 보면서 우리는 또 한 번 맥이 빠졌다. 음료수는 다음에 팔아도 되지만 김밥은 팔지 못하면 손해인데 어떻게 해야 할지 판단이 서질 않았다. 청운 리그 행사를 시작하면서부터 계획한 대로 일이 진행되지 않으니까 보람이와 구슬이는 김밥을 팔 기운도 없어 보였다.

"김밥을 2,000원에 팔자. 그래야 모두 팔 수 있을 것 같아."

"오늘 2,000원에 팔면 다음에도 2,000원에 팔아야 해. 오늘 다 팔지 못하더라도 나중을 위해서 처음 생각대로 2,500원에 팔자."

옥신각신하다가 처음 계획했던 대로 2,500원에 팔았다. 날씨가 덥지 않아서인지 음료수도 별로 팔리지 않았다.

할 수 없이 경기가 끝나고 심판을 본 선생님과 지영이, 우리 모두 모여서 팔지 못한 김밥 아홉 줄을 먹으며 기죽지 말고 끝까지 최선을 다하자고 다짐했다.

다행히 첫 경기를 치르고 나자 청운 리그에 대한 친구들의 관심이 높아졌다. 세 번째 토요일에 수업이 끝나고 경기를 치를 때에는 많은 친구들이 찾아와 응원을 펼쳤다. 덕분에 김밥 30줄을 모두 팔 수 있었고, 음료수도 제법 팔렸다.

마지막 경기가 치러지는 네 번째 토요일은 노는 토요일이라 응원하는 친구들이 적을까 은근히 걱정했는데 오히려 경기에 참석

한 네 반 어린이들이 거의 학교에 와서 응원을 했다. 경기보다 응원전이 더 볼 만할 정도였다.

마침내 경기가 모두 끝나고 우승팀이 가려졌다. 2승 1무로 다섯 골을 넣은 4반이 우승팀이 되었고, 응원상은 1반이 받았다. 시상식이 끝나자 갑자기 지영이가 선생님과 손을 잡고 노래를 부르며 운동장을 돌았다. 그러면서 손짓으로 친구들을 불러들였다. 처음에는 어리둥절해하던 친구들이 하나둘씩 운동장으로 내려갔고 나중에는 청운 리그에 참석한 아이들 모두가 손에 손을 잡고 지영이가 이끄는대로 노래를 부르며 운동장을 빙빙 돌았다.

한참 동안 신나게 친구들을 이끌며 놀던 지영이가 가쁜 숨을 몰아쉬더니 노래를 멈추었다. 그리고 진우에게로 달려와서 손을 꼭 잡으며 말했다.

"진우야, 덕분에 너무 즐거웠어. 정말 고맙다."

그리고 친구들을 향해 소리쳤다.

"애들아, 너희도 즐거웠지? 우리 모두 주식회사 6학년 2반 파이팅을 외치자. 내가 먼저 소리칠 테니까 너희가 따라 해. 주식회사 6학년 2반, 파이팅!"

"주식회사 6학년 2반, 파이팅!"

"주식회사 6학년 2반, 파이팅!"

우리를 격려해 주는 함성이 계속 터졌다. 친구들이 돌아간 후

뒷정리를 하던 보람이가 웃으며 말했다.

"사실 난 고생하면서 음료수랑 김밥 장사를 해 봐야, 상품을 주고 나면 이익이 별로 없어서 약간 속상했거든. 그런데 아까 친구들이 파이팅을 외치는데 눈물이 나더라. 돈으로 계산할 수 없는 추억을 얻었으니 손해 본 장사는 아니지?"

그동안 누구보다도 마음고생을 많이 했을 사람은 진우였다. 내가 진우의 어깨를 툭 치자 진우는 씩 웃으면서 말했다.

"미안해, 고생만 시키고 돈을 못 벌어서. 하지만 주식회사 6학년 2반에 대한 친구들의 관심이 높아졌으니까 다음 사업은 순조롭게 이루어질 거야."

톡톡! 경제 상식

기업들은 왜 스포츠 대회를 후원할까요?

기업은 물건을 많이 팔기 위해 광고를 찍거나 이런저런 행사를 자주 열어요. 그런 활동을 통틀어 '마케팅'이라 하지요. 특히 기업이 물건을 팔기 위해 광고나 행사 따위에 스포츠 대회를 이용하는 걸 '스포츠 마케팅'이라고 해요. 예를 들면 스포츠 대회에 필요한 비용을 대 주는 대신 경기장을 둘러싼 게시판에 광고를 하고, 후원하는 스포츠 선수들의 옷이나 모자에 기업의 로고나 상품 서비스 브랜드 등을 붙이는 거예요. 이런 스포츠 마케팅을 하면 경기장을 찾거나 중계방송을 통해 스포츠 경기를 보는 사람의 눈에 이런 것이 자연스럽게 반복적으로 들어오면서 기업에 대한 호감이 생기고 상품 판매량도 늘어납니다.

스포츠 마케팅을 잘 이용하는 대표적인 기업이 코카콜라입니다. 코카콜라는 제품을 디자인하거나 마케팅 계획을 세울 때에도 항상 스포츠를 앞세우고 있어요. 스포츠를 좋아하는 사람들은 자연스럽게 코카콜라를 좋아하게 되고, 코카콜라의 판매량도 쑥쑥 늘어나지요.

한국에서 가장 많은 관중이 찾는 스포츠 경기는 프로야구 경기입니다. 1982년 6개 구단이 참가해 탄생했던 한국프로야구(KBO)에는 2020년 현재 10개 구단이 속해 있어요. 그런데 프로야구단이 입장권 판매와 중계방송, 광고 등을 통해 벌어들이는 돈은 선수단 연봉, 해외 전지훈련비, 국내 원정경기 숙박비, 재활치료비 같은 구단을 운영하는 데 쓰는 돈보다 훨씬 적답니다. 기업들이 매년 손해를 보면서도 프로야구단을 운영하는 것은 스포츠 마케팅을 통해 기업 이미지를 높이려는 작전이에요. 충성도가 높은 프로야구 팬들이 구단을 운영하는 기업에 호감을 가지게 되면 기업의 이미지를 높이는 데 아주 효과적이지요.

12장

와글와글 알뜰 시장

반짝반짝 아이디어 만들기

 일도 많고 탈도 많았던 청운 리그를 치르느라 눈코 뜰 새 없이 바빴다. 알뜰 시장에 신경 쓸 틈도 없이 말이다. 그래서 축구 경기가 끝나자마자 쏜살같이 알뜰 시장 준비에 들어갔다. 축구 경기 참가 신청을 받아 내느라 진땀을 쏙 빼면서, 일을 할 때 꼼꼼한 준비가 얼마나 중요한지 절실히 깨달았다.
 "제일 중요한 건 친구들의 관심을 끄는 거야. 더구나 이번 일은 6학년끼리만 하는 게 아니잖아. 전교생이 다 함께하는 행사니까 홍보 계획을 잘 짜야 해."
 "그보단 알뜰 시장에서 장사할 친구를 많이 모으는 게 제일 중요하지 않을까?"
 보람이와 내가 말하는데 구슬이가 끼어들었다.
 "떠오르는 생각들만 줄줄 늘어놓아선 안 돼. 어떻게 하면 친구들의 관심을 끌 수 있을지 곰곰이 생각해 봐야지. 먼저 알뜰 시장의 하루 일정을 꼼꼼하게 세울 필요가 있어. 아니지, 우리가 어떻게 돈을 벌 것인지 각자 의견을 내는 게 더 중요하려나? 아유, 어려워. 뭘 먼저 해야 하지?"

똑같은 이야기를 하고 또 하며 회의는 같은 자리만 빙빙 돌았다. 그러자 가만히 있던 규식이가 듣고만 있기 답답하다는 듯 한마디했다.

"우리 이럴 게 아니라 직접 알뜰 시장에 가 보면 어떨까? 토요일마다 뚝섬에서 아름다운나눔장터가 열린다고 들었어. 내일 모두 나들이한다고 생각하고 함께 구경 가자. 그리고 월요일까지 의견을 정리해 오는 거야."

"그래 규식아, 아주 좋은 생각이야. 말하자면 '벤치마킹'을 하자는 거구나."

진우가 규식이를 치켜세웠다.

"나도 칭찬 들을 때가 다 있네. 그런데 벤치마킹이 뭐야?"

"벤치마킹이란 이런 거야. 먼저 다른 회사의 물건, 기술 따위를 보고 아이디어를 얻어. 어떤 방법으로 상품을 잘 파는지도 보고. 그리고 나서 자기 회사를 꾸리거나 새 상품을 개발할 때에 그 아이디어를 응용하는 거지. 똑같이 따라한다기보다 좋은 점을 따오거나, 그걸 바탕으로 더 반짝이는 아이디어를 만드는 거야. 그러니까 우리가 알뜰 시장을 열기 전에 뚝섬 아름다운나눔장터를 견학

하고 아이디어를 떠올리는 것도 벤치마킹인 셈이야."

"그렇구나. 좋아, 그럼 내일 뚝섬에 함께 가는 걸로 하자."

보람이가 가방을 둘러메며 일어서는데 규식이가 말했다.

"그런데 진우야, 회사들은 다른 회사의 아이디어를 보고 도움을 받잖아. 그럼 시험 볼 때 내가 보람이의 답을 베끼는 것도 괜찮은 거 아니야?"

아무도 못 말리는 규식이. 잘 나가다가 또 삼천포로 빠지네.

"아유, 규식아. 이건 답을 베끼는 게 아니라 아이디어를 응용하는 거래도!"

정말 규식이 장난기는 아무도 못 말려!

지구를 살리는 알뜰 시장

뚝섬 아름다운나눔장터에 다녀온 뒤, 우리는 월요일에 다시 모였다. 맨 먼저 알뜰 시장의 이름부터 정하기로 했다. 보람이는 '꿩 먹고 알 먹는 알뜰 시장'이라는 의견을 냈다. 알뜰 시장을 열면 물건을 사고파는 친구들 모두에게 이익이라는 점을 강조하자는 생각이었다. 물건을 파는 친구들은 돈을 벌어서 좋고, 물건을 사는 친구들은 싼값에 좋은 물건을 살 수 있어서 좋기 때문이다.

구슬이는 '지구를 살리는 알뜰 시장'이라는 거창한 이름을 붙이자고 했다.

"요즘 지구가 병들고 있잖아. 우리가 행복하게 살 터전이 사라지는 거야. 공기는 탁해지고, 물은 더러워지고. 게다가 자원을 아끼지 않고 너무 낭비하는 바람에 쓸 수 있는 자원도 얼마 남지 않았대. 종이 만들 나무도 없고, 집을 따뜻하게 할 연료도 없다고 상상해 봐. 아유, 생각만 해도 무섭지 않니? 그래서 해마다 11월에 '아무것도 사지 않는 날' 행사를 하는 나라들이 있다는 거야. 물건을 아껴 소중한 자원을 지키도록 말이야. 마침 알뜰 시장이 열리는 게 11월이니까 자원 아끼기를 강조하면 좋을 거야."

'지구를 살리는 알뜰 시장'이 좋겠다는 데 의견이 모아졌다. 사실 친구들이 구슬이의 의견이 좋다고 한 건 구슬이가 들고 온 깔개 때문이었다. 구슬이는 알뜰 시장에서 팔 깔개를 세 개나 들고 왔는데 지금까지 본 어떤 깔개보다 예뻤다. 친구들이 깔개를 보면 너도나도 사려고 할 것 같았다. 더구나 그 깔개들이 구슬이 어머니께서 못 입는 옷으로 만드신 것이라니 놀랍기만 했다.

"그럼 이제 우리가 어떻게 돈을 벌 것인지 이야기해 보자."

진우의 말에 규식이가 고민할 필요가 없다는 듯이 대답했다.

"물건을 판 친구들에게 번 돈의 10분의 1을 받으면 되지. 뚝섬 벼룩시장에서도 번 돈의 10분의 1을 내게 되어 있어. 훌륭한 벤치 마킹 아니니?"

하지만 난 간단하게 생각할 문제가 아니라는 생각이 들었다.

"청운 리그를 열 때 꼼꼼하게 따져 보지 않고 일을 벌였다가 처음에 고생했잖아. 내 생각에는 번 돈의 10분의 1을 받는 것보다는 차라리 장사를 하고 싶은 친구들한테 자릿세로 물건을 받으면 좋겠어. 그리고 우리는 이 물건을 알뜰 시장에서 팔아 돈을 버는 거야."

다른 친구들은 어느 방법이 좋은지 계속 생각하는 눈치였다. 한참 있다가 구슬이가 조심스럽게 입을 열었다.
　"준영이가 말한 방법이 괜찮다는 생각이 들어. 하지만 장사할 사람들이 팔리지 않을 물건만 내놓으면 어떻게 하지?"
　"그럼 이렇게 하면 어떨까? 자릿세는 알뜰 시장에서 3천 원에 팔릴 만큼의 물건이라고 하는 거야. 금액을 정해 주었는데도 설마 팔리지 않을 물건을 낼 만큼 양심 없는 애들은 없겠지."
　보람이의 의견에 진우도 좋은 생각이라고 맞장구를 쳤다. 다른 친구들도 보람이의 의견에 찬성했다.
　중요한 일은 결정되었으니 이제 알뜰 시장이 열리는 것을 전교생에게 효과적으로 알릴 차례다. 장사도 하고, 돈도 벌고, 지구도 살리고. 우아, 이번 알뜰 시장은 왠지 근사할 것 같다.

와글와글 알뜰 시장, 싱글벙글 친구들

　11월 마지막 토요일. 쉬는 토요일이지만 장사하려는 아이들은 좋은 자리를 먼저 차지하려고 다른 날보다 더 일찍 학교에 왔다. 자릿세를 내고 자리표를 받아서 장사를 하겠다는 팀은 무려 마흔일곱 팀이나 되었다. 대부분은 혼자가 아니라 서너 명씩 끼리끼리 팀을 짜서 장사를 하겠다고 했다. 아이들은 준비해 온 자리를 깔고 물건들을 보기 좋게 늘어놓았다. 물건마다 가격표를 붙이며 모두들 바쁘게 움직였다.
　우리는 풍선을 준비해 풍선 하나에 글자 한 자씩을 적었다. '지구를 살리는 알뜰 시장'이라고 말이다. 풍선을 강당 입구에 띄워 놓으니 시장 분위기가 훨씬 더 흥겨워졌다.

알뜰 시장이 문을 여는 아침 10시가 되자, 물건을 사려는 아이들이 재잘거리며 들어오기 시작했다. 부모님과 함께 온 아이들도 많았다. 차라리 넓은 운동장에서 장을 벌였으면 좋았을 거라는 생각이 들 정도로 시장은 와글와글했다. 그런 시장을 바라보니 어찌나 마음이 흐뭇하던지.

"무엇이든 공짜나 다름없어요. 사기만 하면 돈을 버는 셈이죠. 먼저 사는 사람이 임자입니다."

주식회사 6학년 2반 가게 앞에서 규식이는 쉬지 않고 외치며 손님들을 끌어들였다. 보람이와 구슬이에게 우리 가게의 물건 파는 일을 맡기고 진우와 나는 시장 안을 돌아보았다. 장난감, 인형, 책, 옷, 그릇, 게임기, 게임팩, 액세서리, 가방, 신발, 전기스탠드, 자

명종……. 시장 안은 우리가 생각했던 것보다 훨씬 많은 물건들로 가득 차 있었다.

"진우야, 이 물건들이 새 주인을 만나 다시 쓰이겠지? 우리가 지구를 살리는 데 꽤 중요한 몫을 한 것 같아, 어깨가 으쓱해지는걸? 내년에도 우리 뒤를 이어 누군가가 알뜰 시장을 열면 좋겠어."

"아마도 우리를 따라하는 후배들이 나오지 않을까?"

갑자기 진우가 옆구리를 쿡 찔렀다. 진우가 가리키는 쪽을 보니 장난감을 받아 들고 돈을 꺼내시는 교장선생님이 보였다. 우리가 길을 잘 닦아 놓았으니 내년에 우리 후배 중 회사를 만들고 싶은 사람이 있다면 교장선생님의 허락을 받아 내는 일은 아마 식은 죽 먹기일 거다. 설마, 반마다 학급 문구점이 생기는 건 아니겠지?

톡톡! 경제 상식

작은 실천이 지구를 살려요

쓰던 물건을 사고파는 시장을 '벼룩시장'이라고 해요. 벼룩시장은 유럽의 여러 도시에서 맨 처음 시작되었다고 해요. 왜 벼룩시장이라는 이름이 붙게 되었는지 정확한 이유는 알 수 없어요. 다만 낡고 오래되어 벼룩이 들끓을 정도인 고물을 판다는 뜻에서 그렇게 부르게 되었다고 짐작하지요. 벼룩시장은 유럽 사람들의 근검절약 정신의 상징이라고 할 수 있어요.

미국에는 '차고 세일(Garage Sale)'이란 게 있어요. 쓰지 않는 물건들을 자기 집 차고나 앞마당에 늘어놓고 동네 사람들에게 파는 걸 말하지요.

우리나라에서도 이와 비슷한 '아나바다 운동'이 있었답니다. '아껴 쓰고 나눠 쓰고 바꿔 쓰고 다시 쓰는 운동'이라는 구호를 줄여서 쓴 말이지요. 또 '아름다운가게'라는 곳도 있어서, 사람들로부터 쓰지 않는 물품을 받아 싸게 팔기도 하지요.

아무리 싸더라도 남이 쓰던 물건을 사는 것은 좀 초라해 보인다고요? 알뜰 시장이 지구를 살리는 데 큰 몫을 할 수 있다는 걸 안다면 그런 생각은 들지 않을 거예요.

1987년에 유엔(UN)은 현재 지구상에 살고 있는 사람들의 개발 욕구를 충족시키면서도 미래 세대의 삶의 조건을 해치지 않는 개발인 지속 가능한 발전을 이루어야 한다고 강조했어요. 그러기 위해서는 이제까지와 같은 자원 개발 방식을 바꾸고, 경제와 환경이 조화를 이룰 수 있는 방향으로 기술 개발이 이루어져야 한답니다. 우리가 살고 있는 지구의 자원은 쓰면 쓸수록 계속 줄어들어요. 새로운 자원을 써 버리는 대신 이미 사용한 자원을 다시 쓸 수 있다면 지구의 자원을 그만큼 아낄 수 있겠죠? 지구의 자원을 아끼는 일은 우리와 후손들을 위해 아주 뜻깊은 일이랍니다.

13장
하나 사면 하나는 공짜!

이제는 문을 닫아야 할 시간

벌써 12월이다. 시간이 쏜살같이 지나가 버렸다. 시골 아이였던 한준영이 서울로 전학 와서 부사장으로 뽑힌 게 엊그제 같은데 말이다.

보람이랑 나는 세일을 해서 재고를 정리하려고, 남아 있는 문구점 물건과 장부를 맞추었다. 그러다가 문득 진우가 거울 앞에 서 있는 걸 보았다. 참, 진우 별명이 거울 왕자였지. 거울 보는 진우를 본 게 언제였더라? 진우 녀석, 주식회사 6학년 2반을 꾸리느라 그동안 취미 생활도 잊었나 보네.

"거울 왕자!"

내가 큰 소리로 부르자 진우는 머쓱한 표정을 지었다. 이제 거울 왕자라는 별명이 낯설어졌나?

"넌 이미 멋진 CEO가 됐잖아. 그런데 또 무슨 주문을 걸고 있는 거야?"

"내가 거울을 보면서 멋진 CEO가 되는 주문을 건다고 말한 거 기억하네? 오늘은 거울 속의 나를 칭찬해 줬어. 그동안 수고했다고 말이야."

"그래, 진짜 수고했다. 네 덕분에 우리 모두 6학년을 뜻깊게 보냈어. 고마워."

이제 정말 회사 일을 마무리한다고 생각하니 너무 서운했다.

"다음 주에 재고 정리 세일 끝내고, 주주총회 준비해야지. 휴, 이제 정말 회사문을 닫아야 하네."

보람이 눈가에 그렁그렁 눈물이 맺혔다. 나보다 더 서운한 모양이다.

"이제 회사 문을 닫으니까 주주들과 나눌 이야기가 많겠네? 배당금 문제도 그렇고."

"맞아, 휴······. 계속 6학년으로 남아 회사 일을 했으면 좋겠어."

구슬이는 자꾸만 눈물이 나는 모양이었다. 계속 훌쩍훌쩍거리더니 어느새 코끝이 빨개졌다.

"우리가 모두 같은 중학교에 배정받을 수는 없을 거야. 하지만 자주 만나면서 서로 격려해 줄 순 있잖아? 실력을 길러서 나중에 진짜 주식회사를 함께 꾸려 보자!"

내가 아주 좋은 생각이라고 장단을 맞추려는데 보람이가 볼멘소리로 톡 쏘며 말했다.

"그건 싫어! 진우가 사장하고 준영이가 부사장하고, 또 나더러 회계하라고? 나도 진우 너처럼 멋진 CEO가 될 거란 말이야."

이런, 보람이의 꿈도 어느새 CEO가 되는 걸로 바뀌었나 보다. 규식이가 웃으며 말했다.

"하하하, 우리 모두 CEO가 되고 싶단 말이지? 그럼 돌아가면서 CEO를 해야겠네?"

진우가 기침을 하면서 우리를 독촉했다.

"훗날 일은 그때 가서 정하고, 우선 주식회사 6학년 2반을 잘 마무리하자. 자꾸 으슬으슬 떨리고 온 몸이 쑤시네. 빨리 끝내고 집에 가고 싶어."

진우가 입원을 했다

"아유, 얼마나 놀라셨어요? 준영이더러 진우가 병원에 있다고 선생님께 전하라고 할게요."

이게 무슨 말이야? 진우가 왜 병원에 있어?

양치질을 하는 둥 마는 둥 끝내고 아침 식사를 차리고 계시는 어머니께 어떻게 된 일인지 여쭈어 보았다.

"밤중에 열이 펄펄 나서 응급실로 데리고 갔다는구나. 진우 어머니께서 선생님께 따로 전화 드리지 못할 수 있으니까 네게 진우 소식 좀 전해달라고 부탁하셨어."

첫인상은 비리비리했지만 진우는 그동안 감기 한번 걸리는 일 없이 건강했다. 그런데 갑자기 입원이라니…….

"진우가 주식회사 6학년 2반을 이끌어 가느라 신경을 많이 쓰더니 몸이 약해진 모양이네."

진우가 입원했다는 소식을 듣고 선생님께서 혼자 중얼거리셨다.

그러고 보니 내가 그동안 진우에게 별로 큰 힘이 되어 주지 못한 것 같아 미안한 마음이 들었다. 내가 좀 더 듬직한 부사장이었다면 진우의 짐이 훨씬 가벼웠을 텐데. 자꾸만 진우의 빈자리로 눈이 가서 공부도 회사 일도 집중이 되지 않았다.

수업이 끝나고 주식회사 6학년 2반 운영진이 진우 문병을 갔다. 환자복을 입고 있는 진우의 모습이 몹시 낯설었다.

"내일부터는 재고 정리 세일에 들어가야지? 회사 일 마무리도 못하고 이렇게 병이 나서 미안해. 준영아, 잘 부탁한다."

진우는 우리를 보자마자 회사 걱정부터 했다.

"의사 선생님이 뭐라고 하셨어? 언제 퇴원할 수 있대?"

보람이가 걱정스럽게 묻자 진우는 씩 웃었다.

"폐렴이라는데 조심하면 전혀 문제없대. 곧 퇴원할 거야."

속으로는 진우 없이 회사 일을 마무리 짓는 것이 몹시 걱정되었지만 진우를 안심시키느라고 자신 있게 말했다.

"회사 일은 우리가 다 알아서 할 테니까 사장님은 건강 회복하는 데만 신경 쓰세요."

규식이도 진우가 걱정했던 것보다는 좋아 보여서 안심했는지 농담을 했다.

"거울 왕자, 거울 좀 봐. 삐쩍 마른 사람이 한 명 있지? 저 녀석 살이 좀 찌면 훨씬 더 멋있게 보이지 않을까?"

재고 정리 세일

"자, 문구점 재고 정리 세일입니다, 세일! 밑지고 파니까 사면 무조건 돈 버는 겁니다."

사면 무조건 돈 번다고 규식이가 외치는 소리를 들을 날도 이제 며칠 안 남았구나. 규식이는 늘 밑지고 판다고 말해 왔지만 그건 사실이 아니었다. 하지만 이번에는 진짜다. 보람이는 손해를 보더라도 싸게 팔아서 가지고 있는 물건을 모두 파는 게 이익이라고 했다. 회사문을 닫고 나면 더 이상 물건을 팔 수 없기 때문이다. 우리는 보통 때에 팔던 가격보다 30퍼센트 싸게 팔기로 했다.

싸게 파니까 중학교에 가서도 쓸 수 있는 볼펜이나 샤프심 같은 물건은 눈 깜짝할 사이에 동이 났다. 하지만 친구들은 초등학생용 공책이나 색종이, 도화지 같은 물건에는 관심이 없는 모양이었다. 팔리지 않고 여전히 남아 있는 물건을 어떻게 해야 할지 고민이 되었다.

"지금 남아 있는 물건들은 중학생이 되면 못 쓰는 것들이야. 장사는 6학년 2반에서만 해야 하니까 동생들에게 팔 수도 없고……. 어떡하지?"

팔리지 않은 물건들을 쳐다보며 구슬이가 중얼거렸다.

"동생이 있는 친구들에게 사라고 하면 어떨까? 아예 물건을 반값으로 내리면 모두 팔릴지도 모르는데."

반값으로 물건을 팔면 많이 손해 보고 파는 건데, 어떻게 해야 하나? 이럴 때 진우라면 어떤 결정을 내릴까? 걱정하지 말라고 큰소리쳤지만 병원에 있는 진우에게 전화를 걸어서 상의하고 싶은 생각이 굴뚝같았다. 바로 결정을 내리지 못하고 서로 얼굴만 쳐다보고 있는데 선생님께서 교실로 들어오셨다.

"너희들 아직 집으로 돌아가지 않았구나. 무슨 문제라도 있니?"

"문제라고 할 건 없고요, 우리 반 친구들에게 필요한 물건은 이제 다 팔았어요. 지금까지 남아 있는 물건들은 잘 팔리지 않을 것 같아서 어떻게 해야 팔 수 있을지 방법을 생각하는 중이에요."

보람이가 우리가 처한 상황을 말씀드리자 선생님께서는 싱긋 웃으시며 질문을 하셨다.

"지금까지 회사를 경영해 오면서 알게 모르게 경제 공부를 많이 했지? 선생님이 너희들 실력을 한번 알아봐야겠다. 만약에 가격이 같은 물건을 여러 개 놓고 하나만 고르라고 한다면 어떤 것을 고르게 될까?"

"제게 가장 필요한 물건 아니면 가장 가지고 싶었던 것을 고르겠죠."

구슬이가 질문이 너무 시시하다는 듯이 대답했다.

"그렇지, 가장 큰 효과나 만족을 얻을 수 있는 쪽을 선택하게 될 거야. 그렇다면 사야 될 물건이 있는데 가격이 모두 다르면 어떤 것을 고를까?"

"선생님, 문제가 너무 쉬워요. 당연히 가장 싼 것을 고르겠죠."

"맞아, 사람들은 어떤 선택을 하게 될 때 비용이 주어졌다면 가장 큰 효과나 만족을 얻을 수 있는 쪽을 택하고, 해야 할 일이 정해진 경우라면 필요한 비용을 따져 보지. 그리고 언제나 비용을 가장 적게 들이고 가장 큰 만족을 얻을 수 있는 방법을 선택한단다. 여기서 비용이란 돈만이 아니라 시간이나 편리함 등도 포함되지. 그럼 어쩔 수 없이 손해를 보아야 할 때는 무엇이 가장 최선의 선택이 될까?"

선생님께서는 지금 우리가 어떤 선택을 하는 것이 가장 현명한 것인지 깨우쳐 주시려는 거였다. 손해를 피할 수 없을 때에는 손해를 제일 적게 보는 쪽을 골라서 재빨리 행동으로 옮겨야 한다는 사실을 말이다. 우물쭈물하다가는 더 큰 손해를 볼 수 있으니까.

"선생님, 구슬이가 남은 물건은 반값만 받고 팔자고 했어요. 선생님도 그렇게 하는 게 좋겠다고 생각하세요?"

나는 선생님께서 결정을 도와주셨으면 하는 마음에 넌지시 여쭈어 보았다.

"글쎄, 결정은 주식회사 6학년 2반을 경영하는 너희들이 내려야지. 자, 이제 선생님은 간다. 내일 만나자."

선생님께서는 짓궂게 웃으시며 교실을 나가셨다.

"내 생각에는 구슬이 말이 맞다고 봐. 손해 보지 않겠다고 물건을 그대로 가지고 있는 것보다는 가격을 내려서 모두 팔아 버리는 것이 좋겠어."

내가 먼저 결단을 내리자 보람이도 할 수 없다는 표정을 지으며 찬성한다는 표시로 고개를 끄덕였다.

"좋아, 내일부터는 이렇게 소리치자. 하나 사면 하나는 공짜!"

규식이의 익살은 항상 우리를 즐겁게 만든다. 내가 회사 일을 하면서 제일 잘한 게 규식이를 직원으로 뽑자고 우긴 게 아닐까?

톡톡! 경제 상식

손해 보는 장사도 있나요?

　　주변을 둘러보아요. 봄맞이 세일, 고객 감사 세일, 점포 가게 정리 세일……. 여기저기에 물건을 싸게 판다며 사람들을 유혹하는 광고가 가득하네요. 그런 광고를 보고, '지금이 아니면 저렇게 싼값에 살 수 없을 거야.'라는 마음에 부모님을 졸라 운동화나 가방 따위를 산 적이 있을 거예요. 그리고 물건을 사면서 '이렇게 싸게 팔면 회사가 손해 보는 게 아닐까?'라고 생각해 본 적도 있겠지요. 하지만 그런 걱정은 하지 마세요. 싼값에 팔아도 회사는 대부분 손해를 보지 않으니까요. 제값 받고 팔 때보다 이익을 조금 남길 뿐 손해를 보는 건 아니랍니다.

　　그럼 회사가 손해를 보고 물건을 파는 일은 결코 없을까요? 대형 할인 매장에서는 문 닫을 시간이 다가오면 채소나 과일을 떨이로 팔아요. 채소나 과일은 시간이 지나면 상해서 버려야 하는 물건이에요. 그래서 그런 물건을 팔 때면 손해를 보더라도 싼값에 파는 일이 종종 일어나요. 한 푼도 못 받고 물건을 버리느니 싼값이라도 받고 손님한테

 파는 게 더 현명한 일 아니겠어요? 어쩔 수 없이 손해를 보고 팔아야 할 때는 조금이라도 손실을 줄이는 것이 현명한 선택이니까요. '이윤의 최대화, 손실의 최소화'가 바로 장사의 기본 원칙이랍니다.
 영화관에서 아침 일찍 영화를 보면 싸게 볼 수 있는 것도 같은 이치입니다. 다른 시간대와 같은 값을 받고 몇 명 안되는 손님을 위해 영화를 상영하는 것보다, 저렴한 가격을 받더라도 극장 안에 손님이 가득 차는 것이 더 유리하니까요.

14장

안녕, 주식회사 6학년 2반!

주식회사 6학년 2반의 성적표

보람이는 주식회사 6학년 2반의 마지막 재무상태표와 손익계산서를 만들었다. 이 표를 보니까 그동안 우리가 얼마를 벌었는지 금방 알 수 있었다. 주식회사 6학년 2반의 자본금은 21만 원이었다. 그런데 지금 '내 마음대로 통장'에 들어 있는 돈이 60만 원이고, 보통예금에 들어 있는 돈이 6만 6천 원이었다. 무려 45만 6천 원이 불어난 셈이다!

6학년 2반 재무상태표(2020년 2월 5일)

자산		부채	
내 마음대로 적금	600,000		
보통예금	66,000		
		자본	
		자본금	210,000
		순이익	456,000
합계	666,000	합계	666,000

6학년 2반 손익계산서(2019년 3월 13일~2020년 2월 5일)

비용(쓴 돈)		수익(벌어들인 돈)	
차비	66,900	학용품 판매	1,168,300
A4용지, 도화지	3,700	카네이션 판매	300,000
진열장 재료비	3,500	청운리그 김밥 판매	202,500
학용품 구매	919,900	청운리그 음료수 판매	61,200
카네이션 구매	150,000	알뜰 시장 물건 판매	135,000
포장지, 편지지	12,000		
청운리그 상품	200,000		
음료수 구매	45,000		
알뜰 시장 풍선	10,000		
순이익	456,000		
합계	1,867,000	합계	1,867,000

"우리가 자본금의 두 배도 넘게 벌었네!"

보람이는 신이 나서 어쩔 줄 모르겠다는 표정이었다.

"그럼 배당금으로 투자금의 두 배 이상을 받을 수 있겠다. 휴, 윤재가 전학 가면서 주식을 팔 때 나도 팔았으면 큰일 날 뻔했어, 헤헤."

규식이도 좋아서 재잘재잘 떠들었다.

"얘들아, 잠깐 내 말 좀 들어 봐."

갑자기 진우가 차분한 목소리로 이야기를 꺼냈다.

"우리가 번 돈으로 뜻있는 일을 하나 하면 어떨까? 배당금으로 투자금의 100퍼센트만 주고 나머지는 학교를 위해서 쓰는 거야.

좋은 책을 사서 학교 도서관에 두는 건 어때? 그러고 나서 우리가 기증한 책에 주식회사 6학년 2반에 대한 이야기를 간단하게 적는 거지. 그러면 책을 보는 후배들에게 주식회사 6학년 2반 이야기는 전설처럼 전해지지 않을까?"

"우아, 좋은 생각이야! 하지만 번 돈을 어떻게 쓸지는 주주총회에서 결정해야 하잖아."

"물론 주주들이 반대하면 할 수 없지. 그렇지만 우리가 월급도 받지 않고 열심히 일했으니까 돈을 많이 벌 수 있었던 거잖아. 아마 다른 주주들도 우리 의견을 존중해 줄 거야."

사실 나는 돈을 불리기 위해서 주식회사 6학년 2반에 투자한 것은 아니었다. 난 배당금을 한 푼도 못 받아도 상관없다는 생각이 들었다. 주식회사 6학년 2반을 꾸리면서 돈으로 살 수 없는 값진 경험을 했으니까.

"친구들이 싫다고 하면 나는 투자했던 돈까지 몽땅 내놓을게. 진우 의견대로 할 수 있게 말이야."

"나도!"

구슬이도 찬성했다. 우물쭈물하던 규식이는 머리를 긁적이며 멋쩍게 말했다.

"난 지금 빈털터리야. 그러니까 원래 냈던 돈은 챙기고 나머지만 내놓을게."

보람이는 잠시 생각에 잠기더니 차분한 목소리로 말을 꺼냈다.

"물론 우리가 회사 경영을 잘해서 돈을 많이 벌었지만 이익금 사용을 우리 마음대로 정하는 건 좋지 않다고 생각해. 우리가 미리 정하고 주주총회에서 의견을 물어보면, 속으로 반대하면서도 다른 사람 눈치 보느라고 울며 겨자 먹기로 찬성하는 친구들도 있을 거야. 그러니까 이렇게 하면 어때? 이익금을 모두 나누어 주고 우리 뜻을 설명하는 거야. 그리고 기부함에 자기들이 내고 싶은 만큼만 기부하게 하자."

곰곰이 생각하니 보람이 말이 맞다. 아무리 좋은 일이라도 강제로 하면 분명히 언짢아하는 친구들이 있을 거다. 다른 친구들도 같은 생각이었다. 하지만 한 주가 500원인데 이익금을 몽땅 배당금으로 준다면 투자금과 배당금을 나누어 주는 일이 너무 복잡해질 것이다. 그래서 주주총회에서는 배당금은 원금의 두 배를 주고 나머지 이익금으로 책을 사는 것에 대해 주주들의 의견을 묻기로 했다.

세상에서 가장 따뜻한 주주총회

 이번 주주총회는 규식이와 구슬이가 사회를 보기로 했다. 진우는 내가 사회를 보기를 원했지만, 난 규식이에게 사회를 맡으라고 했다.
 "내가 하기 싫어서가 아니야. 네가 사회를 보면 주주총회 분위기가 흥겨워질 것 같아서야. 너는 분위기를 즐겁게 만드는 재주가 있잖아."
 나는 규식이를 띄워 주었지만 규식이는 사회를 본 경험이 없어서 실수할지도 모른다며 계속 싫다고 했다. 결국 구슬이가 함께 사회를 보면서 규식이를 도와주기로 했다.
 "지금부터 주식회사 6학년 2반 주주총회를 시작하겠습니다."
 규식이는 덜렁이라는 별명이 어울리지 않게 아주 차분하게 말을 꺼냈다. 내가 손뼉 치는 시늉을 하자 규식이가 갑자기 머리를 긁적이며 멋쩍게 웃었다. 구슬이가 재치 있게 원고를 보고 다음 순서를 이어갔다.

"먼저 최보람 회계가 일 년간의 사업 결과를 보고하겠습니다. 모두들 나누어 준 재무상태표와 손익계산서를 참고해 주세요."

친구들은 이익이 많이 났다며 좋아서 난리를 쳤다. 너무 시끄러워서 회의를 진행할 수 없을 정도였다.

"무조건 사면 남는 겁니다. 남아요, 골라요, 골라!"

갑자기 규식이가 엉뚱한 소리를 하자 모두들 이야기를 멈추고 규식이를 바라보았다. 덕분에 교실 안이 조용해졌다.

"제가 주식회사 6학년 2반에서 장사를 하면서 제일 많이 썼던 말입니다. 물건을 팔 때뿐만 아니라 사람들을 조용하게 하는 데도 효과가 있네요. 여러분들이 떠들면 엄청 긴장되거든요. 저 좀 살려 주세요."

규식이의 익살에 우리는 다시 한번 웃음보를 터뜨렸다.

"다음은 김진우 사장이 이익금을 나누는 데 대한 설명을 하고 주주 여러분들의 찬성과 반대 투표를 하겠습니다."

진우는 배당금으로 투자금의 두 배를 나누어 주고 남는 돈으로 학교 도서실에 책을 사서 기증하겠다고 했다.

"찬성과 반대를 묻는 투표에 들어가기 전에 다른 의견이 있는 사람은 이야기해 주세요."

수진이가 손을 들었다.

"이건 제가 보관하고 있던 주식회사 6학년 2반의 사업계획서입니다. 여기에는 월급에 대한 항목이 있습니다. 그러나 교장선생님께서 월급이 없다는 조건으로 회사 운영을 허락하셨으므로 주식회사 6학년 2반에서 일했던 사람들은 월급을 한 푼도 받지 못했습니다. 그런데 이렇게 많은 이익을 냈어요. 사업계획서에 보면 '보너스는 회사를 청산할 때 주주들의 동의를 얻어 지급한다.'라고 되어 있습니다. 교장선생님께서는 이익을 내지 못했는데 월급이 나가면 주주들이 손해 보는 것을 걱정하셔서 월급은 없다고 하셨지만 보너스에 대해서는 말씀이 없으셨어요. 그러니까 회사 일을 하느라고 수고한 임원과 직원들에게 보너스를 주었으면 좋겠습니다."

수진이가 말을 마치자 영민이가 손을 들었다.

"찬성입니다. 보너스 금액을 정하도록 해요."

규식이와 구슬이는 주주총회가 생각했던 것과 다른 방향으로 흘러가자 어떻게 진행해야 좋을지 몰라서 당황한 기색이 뚜렷했다. 그러자 진우가 다시 말을 시작했다.

"회사 일을 했던 저희들에게 보너스를 준다고 하니까 정말 감사합니다. 사실은 주주들에게 하고 싶은 말이 한 가지 있어요. 배당금으로 투자금의 100퍼센트만큼만 주고 나머지 돈으로 책을 사서 학교 도서실에 기증하려고 했습니다. 그러나 이익금을 나눌 때는 주주들의 의견이 가장 중요하므로 투표가 끝난 후 이야기를 하려고 했습니다. 배당금과 투자금을 돌려받으면 저희들에게 보너스를 주고 싶은 만큼 기부함에 돈을 넣어 주세요. 이렇게 모은 돈으로 책을 사서 학교 도서실에 기증하겠습니다. 책 속 표지에 주식회사 6학년 2반 이야기를 적은 종이도 붙일 생각입니다."

진우의 말이 끝나자 모두들 박수를 쳤다.

"예~에, 세상에서 가장 따뜻한 주주총회입니다. 그럼 처음 이야기한대로 이익금 사용에 대한 투표를 해도 되겠죠?"

규식이는 회의 방향이 미리 연습한대로 흘러가자 안심하는 기색이었다. 투표 결과는 물어볼 것도 없이 찬성이었다.

투표가 끝나고 보람이는 배당금 지급에 대한 설명을 했다.

"내일 학교에 올 때 여러분들이 보관하고 있는 주식을 가지고 오세요. 은행에 가서 돈을 모두 현금으로 찾아서 내일 여러분들에게 원금과 배당금을 나누어 주겠습니다. 돈을 나누어 주는 자리에서 책을 사기 위한 기부도 받을 겁니다."

세상에서 가장 따뜻한 주주총회는 이렇게 막을 내렸다.

주식회사 6학년 2반 이야기

"자, 이 책은 끝났고, 다음은 저 책."

졸업식이 끝난 다음 날, 우리는 기부함에 모인 돈으로 사 온 책을 쌓아 놓고 책 속표지에 '주식회사 6학년 2반 이야기'라는 글을 붙였다.

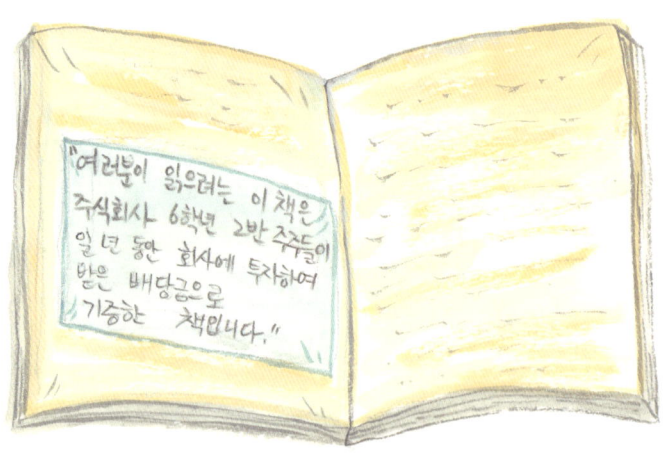

10년 후가 되면 우리는 어디서 무얼 하고 있을까? 그때쯤이면 지금 막 걸음마를 하는 아기들이 자라서 이 책을 볼 수도 있겠지?

도서실 창문 너머로 텅 빈 운동장이 보였다. 그 운동장을 가로질러 뛰어가면서 큰 소리로 교장선생님을 부르는 거울 왕자 진우의 모습이 떠올랐다. 그날 진우가 교장선생님과 회사 이야기를 나눌 기회를 얻는 데 성공하지 못했다면, 나는 초등학교에서의 마지막 학년을 어떻게 보냈을까?

주식회사 6학년 2반은 내겐 큰 선물이었다. 아마 나에게뿐만 아니라 우리 6학년 2반 모든 친구들에게 그러했을 것이다.

주식회사 6학년 2반, 그 이름은 영원히 잊혀지지 않을 것이다.

톡톡! 경제 상식

주식회사의 이익금은 누가 갖나요?

주식회사는 사람들에게 돈을 받고 회사 일에 참여할 수 있는 권리인 주식을 팔아 회사를 꾸려 나가는 데 필요한 돈을 마련해요. 그래서 주식회사의 경영은 사장이나 직원들이 마음대로 할 수 없어요. 주주에게 회사 일에 참여할 수 있는 권리를 팔았으므로 경영자를 뽑거나, 새로운 투자를 하거나, 배당금을 지급하는 일과 같은 중요한 일들은 주주들의 회의인 주주총회를 열어서 의견을 물어본 후 결정을 내려야 하지요.

주주총회에는 한 해 사업을 마감하고 일 년간의 경영에 대한 보고를 하기 위해 일 년에 한 번씩 항상 열리는 정기 주주총회와, 주주들의 의견을 반드시 물어야 하는 중요한 일이 생겼을 때 열리는 임시 주주총회가 있어요.

회사가 경영을 잘하면 이익이 많이 나겠죠? 회사는 이익금의 일부를 회사에 투자한 주주들에게 나누어 주어야 해요. 이 돈을 배당금이라고 하지요. 하지만 주식회사가 이익금 모두를 주주들에게 배당금으로 주지는 않아요. 회사를 키워 나가려면 기술 개발도 하고, 새 공장을 세우거나 새 기계를 사기도 하고, 새로운 사업을 벌이기도 해야 하는데, 이런 일을 하려면 많은 돈이 필요하니까 회사를 키우기 위해 필요한 돈은 남겨 놓고 나머지 이익금을 배당금으로 주지요.

    회사를 위해서 쓸 돈이 많이 필요하다고 하면서 배당금을 조금만 주려고 하는 주식회사도 있어요. 그래서 경영에 참여하지 않고 단지 투자를 목적으로 주식을 산 주주들은 회사가 이익금을 속이지 않는지, 배당금을 제대로 주는지 등 회사 경영과 관계된 문제를 감시하기도 한답니다.

어려운 낱말 풀이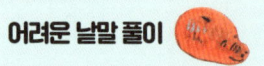

무슨 뜻인지 궁금해요!

주식회사
개인이나 단체에 주식을 팔아서 자본금을 마련해 만든 회사를 말합니다. 주식을 산 주주들은 모두 주식회사의 주인인 셈이지요. 하지만 모든 주주가 주식회사의 경영에 직접 참여하지는 않습니다. 경영은 주주들이 뽑은 경영자가 대신해요. 중요한 문제를 결정할 때는 회사의 주인인 주주들을 모아서 주주총회를 열고 의견을 물어보아 결정하지요. 주주들은 경영자가 회사에 손해를 많이 입히는 등 문제를 일으키면 경영자를 바꿀 수 있는 권리도 가지고 있어요.

배당금
주식회사가 벌어들인 이익금 가운데 일부를 주주에게 나누어 주는 것을 배당이라고 하고, 이렇게 나누는 돈을 배당금이라고 합니다.

자본금
회사를 만들기 위해 주주들이 낸 돈을 뜻합니다. 이미 만들어진 회사에서 경영에 필요한 돈을 더 마련하고자 할 때 금융기관에서 빌리는 대신 주식을 더 발행하여 자본금을 늘리기도 합니다.

주식
주식회사가 자본금을 마련할 때 투자했음을 증명하는 증서입니다.

주주
주식회사의 주식을 가지고 있는 사람이나 단체를 뜻합니다. 주주는 주주총회가 회사의 경영에 관한 중요한 문제를 결정할 때 참여할 권리를 가집니다.

주주총회
회사 경영에 대한 내용을 주주들에게 알리고, 주주들의 의견을 물어본 후 중요한 일을 결정하기 위해 하는 회의를 말합니다. 정기 주주총회는 일 년에 한 번씩 열리며, 특별한 경우에는 임시 주주총회를 열기도 하지요.

펀드
고객이 투자 전문가에게 돈을 맡기면 그 돈으로 발전 가능성이 있는 회사의 주식, 채권 따위를 사 두었다가 나중에 값이 오른 뒤 팔거나 땅을 사서 이익을 남기는 투자의 형태를 말해요.